Anonymous

Die Kochsalz und Eisensäuerlinge zu Pyrmont

Anonymous

Die Kochsalz und Eisensäuerlinge zu Pyrmont

ISBN/EAN: 9783743314214

Hergestellt in Europa, USA, Kanada, Australien, Japan

Cover: Foto ©Andreas Hilbeck / pixelio.de

Manufactured and distributed by brebook publishing software
(www.brebook.com)

Anonymous

Die Kochsalz und Eisensäuerlinge zu Pyrmont

Die

Kochsalz- und Eisensäuerlinge

zu

P y r m o n t

von

Rudolph Ludwig.

Nebst 2 Tafeln und 3 Tabellen.

Darmstadt, 1862.

Verlag der Hofbuchhandlung von G. Jonghaus.

Inhalts-Verzeichniss.

Die aus den Gesteinen hervorbrechenden Quellen gewinnen für das Studium der Geologie eine immer grössere Wichtigkeit, so dass ich es wage, mit meinen Beobachtungen über die Pyrmonter Mineralquellen hervorzutreten. An diesen Quellen lässt sich Manches erläutern, was bei den Nauheimer, Kissinger, Homburger u. a. Mineralbrunnen, über welche ich früher wiederholt geschrieben habe, weniger klar in die Augen fällt.

Alle Quellen erhalten ohne Ausnahme das Wasser aus der Atmosphäre, sie sind sohin in dieser Beziehung vollkommen abhängig von Zuständen des Dunstkreises. Das Wasser, welches an der Erdoberfläche in die Luftform übergeht, wird bei jeder Abkühlung des Dunstkreises wiederum condensirt und in die tropfbare Form zurückgeführt. Die in den Thälern höher erwärmte Luft sättigt sich Tags über mit Wasser. Sie wird nach Sonnenuntergang von kälterer Luft verdrängt, die vermöge ihrer Schwere in den Schluchten und Schrunden der Berge niedersinkt und die wärmere leichtere Luft an den Bergvorsprüngen aufwärts treibt. Bei diesem Hergange mischt sich kältere mit einem Theil der mit Wasserdunst gesättigten Luft, wodurch die Nebel in den Thälern entstehen, ein anderer Theil aber erreicht sammt dem in ihm gelösten Wasserdunste die Berggipfel, erkaltet erst dort und lässt in den höheren Regionen das Wasser als Thau, Nebel und Regen fallen. Auf diese Weise findet ein Kreislauf zwischen dem Wasser tieferer und höherer Stellen einer Gegend statt, denn das an den Bergspitzen verdichtete Wasser rinnt in Tausende von Tropfen vertheilt durch Moos, Gras und die lockeren Erdschichten, sättigt die Pflanzen, tränkt unzählige Thierchen, oder tritt sich ansammelnd als Quellen zu Tage. Was Bäche und Flüsse den Seen und dem Meere zuwenden, das wird in Dunstform durch Winde und Luftströmungen wieder auf das Festland übergeführt und tränkt nach starken Regengüssen, oder als schmelzender Schnee den Boden. Alles auf die Erdoberfläche niederfallende Wasser hat der Schwerkraft folgend das Bestreben, in die Gesteine einzudringen; wir wissen, dass es in manchen Felsarten, deren zerspaltene, klüftige Structur und loskörnige Körperbeschaffenheit das Versickern begünstigt, sehr tief, viele Tausend Fusse tief, in die Erdrinde niedergeht, während es durch andere fester geschlossene, in ihrer Masse dichtere Gesteine mehr an der Oberfläche zurückgehalten wird. Die Substanz und der Bau der Felsarten unterstützen sohin wesentlich die Quell-Erscheinung.

Wenn nun das Meteorwasser, worin nur Kohlensäure und Ammoniakkarbonat in geringer Menge aufgelöst sind, in die Gesteine eindringt, so findet es Gelegenheit, mancherlei Mineralbestandtheile aufzunehmen. Die Mischung der in Wasser gelösten erdigen Bestandtheile wird sohin wieder von der Zusammensetzung derjenigen Gesteine abhängen, welche es durchsickert hat, ehe es als Quell hervorbricht.

In der rigiden Erdrinde ereignen sich aber gleichzeitig Vorgänge, welche die Mischung der Mineralbestandtheile der Felsarten ändern. Schwefelmetalle in feinsten Stäubchen den Sedimenten zugemischt verbrennen langsam zu Vitriolen, es entstehen, wo Kalk- und Magnesiakarbonat vorhanden, Gyps und Bittersalz, oder wenn Feldspath und Glimmer, kieselsaures Kali und Natron enthaltend, nicht fehlt, schwefelsaures Kali und Natron. Kohlensäure wird frei, theils durch die Einwirkung der Vitriole auf Karbonate, theils durch Verwesung der im Sedimente eingeschlossenen Vegetabilien, theils aber auch aus grösseren Tiefen, wo Kieselerde oder deren Auflösung mit Kalkstein (Kalkkarbonat) in Berührung kömmt.

Die Kohlensäure wird demnach, was auch die zu Kissingen, Neusalzwerk (Rehme), Nauheim und anderwärts ausgeführten tief eindringenden Bohrlöcher direct beweisen, zum Theil in tief unter der Oberfläche verborgenen Kalk-schichten abgeschieden und vereinigt sich mit dem von oben einsickernden Wasser in um so grösserer Menge, je dicker die über der Abscheidungsstelle liegende Gebirgsschicht ist (v. meine Schrift: Das kohlensaure Gas in den Sprudeln zu Nauheim und Kissingen, Frankfurt bei Keller 1856). Das je nach dem auf ihm lastenden Drucke mit mehr oder weniger Kohlensäure gesättigte Wasser durchweicht die Gesteine, bildet neue Verbindungen, namentlich Bikarbonate von Kalk-Bittererde, Eisenoxydul u. s. w. und mischt sich damit. Die aufgelösten Salze verdrängen die Kohlensäure, welche nach oben steigend entweder immer auf's Neue Wasser findet, womit sie sich verbinden kann, oder freiwerdend in Gasform fortgeht. Der Erdoberfläche nahe muss ein Theil der Kohlensäure als Gas entweichen, es reisst das Wasser zur Sauerquelle aufsprudelnd mit sich, oder verdunstet, wenn kein Quellaustritt gestattet ist, für sich allein in die Atmosphäre.

Nächst Pyrmont lassen sich alle diese Erscheinungen bequem und in schönster Vereinigung beobachten; ich werde mit der geologischen Beschreibung des Landes beginnen und die von Professor Wigger's zu Göttingen ausgeführten chemischen Untersuchungen der Pyrmonter Eisensäuerlinge (Hannover bei Hahn 1857) und der Pyrmonter Kochsalz-quellen (Arolsen bei Speyer 1862) behufs der Mischung der Quellen und der daraus abzuleitenden Schlüsse über deren Entstehung benutzen.

I. Geologische Beschreibung der Umgebung von Pyrmont.

a) Beschreibung der Gesteine.

In der nächsten Nähe von Pyrmont verbreitet sich die Triasformation mit allen ihren einzelnen Abtheilungen.

Der bunte Sandstein, das tiefste Glied der Trias, bildet nur zwei unbedeutende aber für die Quellerscheinung

1*

höchst wichtige Kuppen in der Thalsohle des Emmerbaches nächst der Saline und in Pyrmont selbst.

Die Felsart ist von derselben Beschaffenheit wie an anderen Orten in Nord- und Mitteldeutschland; ein feinkörniger rother, oder roth und weiss gestreifter Sandstein. Die Körnchen von Quarz oder quarzigen Mineralien sind rund, Mohnsamen- bis Hirsekorn-gross, in röthliches thoniges Cement gebunden. Das Gestein saugt Wasser begierig auf, und kann als Filter dienen (ist wasserdurchlassend). Einzelne Lager desselben sind thoniger als andere, manche gehen sogar in Blätter von rothem Schieferletten über.

Die Schichtung ist sehr bestimmt ausgesprochen. Die Bänke sind $1/8$ bis $1/2$ Meter dick, verbunden in 1 bis $1\,1/2$ Meter hohen Lagen, welche durch schwächere Schieferlettenzwischenmittel von einander getrennt sind. Durch zwei Querabsonderungen ist das Gestein in zahlreiche kleinere Theilstücke zerlegt, welche theils cubisch, theils keilförmig sind. Die Zersplitterung der Massen geht bis zu so geringen Dimensionen herab, dass sich keine grösseren Bauwerkstücke gewinnen lassen, das Gestein vielmehr nur als ordinärer Mauerstein Anwendung finden kann.

Die starke Zerklüftung des Buntsandsteines ist für die Quellerscheinung von höchster Bedeutung, sie ist die Folge von Bodenschwankungen, von denen weiter unten ausführlicher die Rede sein wird.

Der auf dem bunten Sandsteine liegende R ö t h (oberer rother Schieferthon des bunten Sandsteines) besteht seiner Hauptmasse nach aus rothem oder blaugrauem Schieferthon abwechselnd mit dünnplattigem, thonigem, leicht zerbröckelndem Sandsteine. Das Gestein ist im Allgemeinen wasserdichter als der Buntsandstein; nur wo es von Klüften durchsetzt ist, lässt es die Feuchtigkeit eindringen, welche sonst auf seiner Oberfläche zu sumpfigen Stellen Veranlassung gibt.

In der Nähe des Buntsandsteines sind dem Röth mehrere M e r g e l b ä n k e eingelagert, welche sich durch grösseren

Kalkgehalt und das Vorkommen von kleinen mit Krystallen
besetzten Drusen auszeichnen.

In der Nähe der Sandsteinbrüche bei Oestorf und am
Fusse des Bomberges oberhalb Pyrmont bildet ein leberbrauner
oder rother, dichter, schwerer Mergel ein ungefähr $^1/_2$ Meter
dickes Lager. Darin sind Drusen bis Wallnuss-Stärke, theilweise oder gänzlich erfüllt von Dolomit, Bitterspath, Kalkspath, kleinen Quarzkrystallen. Das Gestein braust mit
Säure, ist schwer und zuweilen so eisenreich, dass man es
für einen Rotheisenstein ansehen könnte. Diese eisenreichen
Stücke verdanken wahrscheinlich der Umwandlung von
Schwefelkies in Rotheisenstein ihren grösseren Metallgehalt.
Das Vorkommen von krystallisirten Mineralien und Drusen
deutet auch auf einen in anderer Richtung thätigen Stoff-
wechsel.

In nicht grosser Entfernung über dem rothen eisenreichen
Mergel sind bis 5 und 6 Meter dicke Lager hellfarbigen,
gelblichgrauen K a l k m e r g e l s durch einige Gruben auf-
gedeckt. Das Gestein ist dünnblätterig bis feinerdig, ge-
schichtet und wo es an der Oberfläche der Verwitterung
unterlegen hat, ein ungeschichtetes erdiges Haufwerk.

In der oberen Hälfte des Röth kommen G y p s e i n l a g e -
r u n g e n vor, welche früher verkannt, für emporgehobene
Zechsteingypsstöcke angesehen wurden. Der Gyps ist blättrig,
fasrig, körnig, erdig, bildet dünne Bänke, Scheiben und
Knollen in perlgrauem Mergelschiefer und Schieferthone.
Seine Lagerung wurde durch Bohrlöcher erkannt; es wird
darüber weiter unten ausführlicher gesprochen werden.

Der W e l l e n k a l k , des Muschelkalkes untere Gruppe,
lagert sich in Gestalt knotig-welliger, thon- und mergelreicher
Schichten auf den Röth. Das Gestein ist leicht zerbröckelnd
und steht an allen Orten an, wo der Muschelkalk den Röth
bedeckt. Versteinerungen scheinen darin sehr selten zu sein.

Der H a u p t m u s c h e l k a l k aus $^1/_{10}$ bis $^1/_4$ Meter
mächtigen compacten festen, zum Theil krystallinischen
Schichten bestehend, ist durch die ihn auch anderwärts be-
zeichnenden Versteinerungen charakterisirt. Seine in Thon-

mergel eingelagerten rhomboïdisch abgesonderten Bänke von blaugrauer Farbe werden ihrer Härte wegen zum Schotter der Wege gewonnen; es fällt leicht, sie von den gewellt schiefrigen Schichten des Wellenkalkes zu unterscheiden.

Der Muschelkalk ist überall in zwei sich fast rechtwinklich schneidenden Richtungen zerklüftet, auf diesen Absonderungsklüften und den sie begleitenden Spalten, welche das Gestein durchsetzen und ganze Abtheilungen desselben verschieben, dringen die Tagewasser bis auf den Schieferthon des Röth ein um hier und da als starke Süsswasserquellen zu Tag zu kommen.

In einiger Entfernung von Pyrmont wird der Muschelkalk von den Schichten des K e u p e r s bedeckt, denen sich endlich der L i a s auflegt. Diese Gesteinsformationen stehen indessen ausser jeder Beziehung zu den Mineral-Quellen und es genügt, deren Existenz erwähnt zu haben.

Von weit grösserer Wichtigkeit für die Quellerscheinung sind A b l a g e r u n g e n j ü n g s t e r B i l d u n g in der Nähe der pyrmonter Eisensäuerlinge. Aus der Verwitterung der Mergel- Kalk- und Schieferthonschichten der Triasformation gingen staubfeine Schlieche hervor, welche sich auf Rasenboden als Lehmlager absetzen. Soweit der feine, vom älteren höherliegenden Gesteine losgespülte Schlamm auf trockenen Wiesen, am Gehänge der Hügel zurückblieb, ward er zu der gelblichen, feinerdigen, kalkig thonigen Substanz, welche L e h m genannt wird, umgewandelt. Wo er aber in sumpfige Lachen eingespült wurde, zersetzte er sch weiter zu einem fetten, plastischen T h o n e, welcher hier und da wo sandige Schlämme zugeführt wurden, in L e t t e n, sandigen Thon, sogar in schlammigen, thonigen Sand (Triebsand) übergeht.

Der Thon ist mit vermoderten Schilfresten, Blättern und vielen Gehäusen von Paludinen und Planorben (Sumpfschnekken) vermischt, welche bezeugen, dass er unter stagnirendem Wasser abgesetzt ward, während in dem bergauf mit ihm zusammen hängenden Lehme nur die Gehäuse von kleinen im Grase lebenden Schneckchen (Pupa oder Bienenkörbchen, Bernsteinschnecke u. d. m.) zu finden sind; ein Beweis, dass die Bildung des Lehmes nicht unter Wasserbedeckung stattgefunden hat.

Mit dem Thone in Verbindung stehen Ablagerungen von P f l a n z e n - M o d e r und T o r f. Es sind zum Theil erdige schwarzbraune Modermassen, wie sie sich aus Wasserlinsen und Conferven in offenen Sumpflachen bilden; harzige, bituminöse Pflanzenreste, gemischt mit feinem Thonschlamme, mit Kalkstaub und Gehäusen von Sumpfschnecken; zum Theil sind es derbere aus Riedgras, Moos (sphagnum) und Röhrig zusammengesetzte, halb vermoderte Pflanzenfilze, wie sie auf dem vom Wasser durchtränkten Sumpfboden anwachsen. Nur die Moderschicht hat für die Quellenerscheinung eine Bedeutung, der Faser- oder Rasentorf ist ein über dem Sumpfwasser gewachsener Pflanzenfilz, welcher seitwärts liegend, die pyrmonter Stahlbrunnen nicht berührt.

Ueber die Thon- und Modertorfschichten hinaus kommen noch K a l k t u f f - Ablagerungen vor, die als ein Absatz aus den Mineralquellen selbst insofern ein Interesse darbieten, als sie bezeugen, dass während irgend einer früheren Zeit in der Nähe des jetzigen Klosterallee-Brunnens, die kalkabsetzenden Mineralquellen in höherem Niveau austraten, als diess heute erfogt. Ich werde dieses Umstandes weiter unten eingehender gedenken.

Der Kalktuff gehört zu denjenigen Abänderungen dieses Kalkkarbonates, welche unter Wasserbedeckung durch Diatomeen, Conferven und ganz in Wasser eingetauchte Pflanzen ausgefällt werden, indem die Pflanze das im Wasser aufgelöste Kalkbikarbonat zerlegt. Er ist zum Theil erdig, mit gröberen Knöllchen und unzähligen Sumpfschnecken-Gehäusen (Paludina impura, Linineu stagnalis, Planorbis vortex, P. marginatus) gemischt und wird so als Grand zum Bestreuen der Gartenwege benutzt, oder er ist ein fester, aus zarten vielfachverschlungenen Röhrchen (Incrustationen von Moos und Wasserfäden Vaucherien u. d. m.) kleinen Kryställchen und Körnchen gebildeter Kalkstein in 1 bis 2 Meter dicken Bänken, worin ebenfalls Sumpfschnecken, jedoch vermischt mit

Gehäusen von Landschnecken vorkommen. Diese festeren Kalktuffe scheinen am Rande eines sumpfigen Bassins ebenfalls durch zersetzende Einwirkung von Pflanzen abgeschieden zu sein, sie stehen zu dem lockeren etwa in demselben Verhältnisse, wie der Rasentorf zum Modertorfe.

In etwas höherer Lage als die Kalktuffablagerung bemerkt man rothe und gelbbraune Ockerablagerungen, ebenfalls Niederschläge aus den Quellen, vermittelt durch Conferven und Diatomeen. Die Pflanzen haben die in dem Mineralwasser aufgelösten Mangan- und Eisenbikarbonate in Oxydhydrate umgewandelt, indem sie Kohlensäure der Bikarbonate absorbirten und dagegen Sauerstoff ausscheiden, welcher die Säuerung der Oxydule in Oxyde bewirkte. *(v. G. Theobald* und *R. Ludwig* über die Mitwirkung der Pflanzen bei Bildung des kohlensauren Kalkes. Poggendorfs Annalen 1852.) Die Abscheidung der Eisen- und Manganoxyde erfolgt immer früher als die der Kalk- und Magnesiakarbonate, jene Ockerflecke liegen also den früheren Quellpunkten zunächst.

Jm Thale der Emmer begegnet man hier und da Thon, Sand- und Gerölllagern, welche als Flussanschwemmungen anzusehen sind. Die Gerölle bestehen vorzugsweise aus Bruchstücken des Keupersandsteins, des Buntsandsteins und des Muschelkalkes, die ganz nahe anstehenden Felsgliedern entnommen sind. Selten finden sich darunter Geschiebe von Granit und Quarz, welche wahrscheinlich von dem auf benachbartem Gebiete abgelagerten Drift, (sogenannten Diluvialmassen) ausgespült wurden.

b) **Die Lagerungsverhältnisse der Gesteine und dadurch bedingte Form des Quell-Apparates.**

Die Gesteine der Triasformation befinden sich in der Nähe von Pyrmont in einer Weise geordnet, welche das zu Tagesteigen der in grösserer Tiefe entwickelten Kohlensäure an einzelnen Punkten in hohem Grade begünstigt. Man hat lange Zeit nach den Darstellungen *F. Hofmann's* (Poggendorf's Annalen XVII.) das weite Thal von Pyrmont für das Muster eines sogenannten Eruptionsthales angesehen, indem man sich dachte, dass von unten aufgetriebener Gyps die Gesteinschichten der Trias vom Buntsandsteine bis zum Keuper im Kreise ringsum in die Höhe gehoben habe. Man stellte sich vor, der Gyps sei durch irgend eine plutonische Gewalt gehoben in Kegelgestalt aufwärts gedrungen und habe ein Bersten der Erdkruste bewirkt, wobei die anfänglich horizontalen Schichten der Sedimente rundum in von dem Hebungsmittelpunkte abgekehrten Richtungen geneigt worden seien.

Nachdem durch wiederholte Bohrversuche in der Nähe jenes Gypsvorkommens die Gewissheit erlangt worden ist, dass man es weniger mit einem Gypsstocke (Kegel) als mit einigen nicht sehr mächtigen, dem Röth regelmässig eingelagerten Gypsschichten zu thun hat, ist selbstverständlich jener Hypothese der Boden entzogen, man ist genöthigt eine andere Erklärung für jene Lagerungsverhältnisse zu suchen und findet sie in der Betrachtung der Schichten selbst.

Ich sende bezugnehmend auf das beiliegende geologische Kärtchen und die dasselbe begleitenden Gebirgsprofile der Entwickelung meiner Ansichten über die Ursachen des Felsbaues nächst Pyrmont, eine Uebersicht der Lagerungsverhältnisse voraus.

Der Buntsandstein bildet bei der Saline hart am linken Emmerufer eine sanft ansteigende Erhöhung, worin ehemals bedeutende Steinbrüche bestanden, die jetzt in einen grossen Garten mit Terrasse umgewandelt sind. Diese Kuppe des Buntsandsteines tritt ungefähr 8 bis 10 Meter über das Flussbett der Emmer in die Höhe. Wir nehmen für alle künftigen Höheangaben den Spiegel der Emmer nächst der Salztrinkquelle als Nullpunkt an.

Die Ausdehnung dieser tiefsten Stufe der Buntsandsteinformation ist gering, sie erstreckt sich in der Richtung von Ost nach West, (hora 5 des Bergkompasses.) am weitesten bis in die Nähe des westlich gelegenen Neubrunnens, etwa 770 Meter lang, endigt östlich in der Nähe des Salzbadebrunnens. In der Breite misst sie etwa 350 Meter und verbirgt sich auf drei Seiten nördlich, östlich, südlich unter dem Röth, während im Westen Alluvionen über sie hin greifen.

Diese Buntsaudstein-Kuppe bedingt das Zutagetreten der salinischen Säuerlinge, auf welche die Saline Pyrmont begründet wurde.

Das Bobrloch des Salzbadebrunnens dringt in diesem
Buntsandsteine etwa 31¼ Meter tief ein.

Eine zweite ausgedehntere Kuppe Buntsandstein erreicht
man von der Saline aus, die vom Königsberg herunterzie-
hende Röthspalte überschreitend, in *Oestorf*; sie trägt einen
Theil dieses Dorfes und die Stadt Pyrmont und ist die Ur-
sprungstätte der dortigen Eisensäuerlinge.

Diese Kuppe erhebt sich an 50 Meter über den Nullpunkt am Salzbrunnen, hat eine in Stunden 5 des Bergkompasses streichende Längenausdehnung von ca. 1000 Meter
und ist 700 Meter breit. Ihr östliches Ende liegt am höchsten, sie stellt eine gegen Westen allmählich in die Tiefe sin-
kende Ebene dar, wie auf Profil B zwischen 13 und 5 dargestellt ist. Gegen Norden verbirgt sich der Buntsandstein
unter den Röth des Bomberges, gegen Westen lagern sich
Thon, Torf und Kalktuff über ihn, welche nebst Lehm auch
seine Südgrenze bedecken, im Osten scheint er scharf abge-
rissen und von sich anlagernden höheren Röthschichten be-
grenzt.

Die beiden Kuppen des Buntsandsteines sind durch eine
flache vom Königsberge herabziehende Röthfalte oberflächlich
getrennt; ihr gegenseitiges Verhältniss wird durch das Profil
A klar. Ich werde dasselbe noch ausführlicher zu besprechen
haben, bemerke hier nur noch, dass die Unterlage des Buntsandsteines ohne Zweifel die Z e c h s t e i n f o r m a t i o n
(Marine- Kalk- Mergel- und Dolomitablagerung der paläo-
lithischen Dyas) ist. Die oberen marinen Glieder der Dyas
sind zunächst östlich bei Witzenhausen an der Werra (11
Meilen von Pyrmont), zunächst westlich bei Osnabrück, (11
Meilen davon) zunächst südwestlich bei Stadtberge (8 Meilen)
zunächst nordöstlich bei Seesen am Harze (8 Meilen) anste-
hend, überall bedeckt vom Buntsandsteine; es darf daher
auch wohl vorausgesetzt werden, dass sie unter dem Buntsandsteine von Pyrmont her liegen. Aus dem Zechsteine

möchten die bei Pyrmont entspringenden Kochsalzbrunnen
mit Chlornatrium versorgt werden, aus ihm bekommen alle
dortigen Mineralbrunnen die Kohlensäure. Es mag hier das
gleiche Verhältniss bestehen wie dasjenige ist, welches durch
das tiefe Bohrloch im Schönbornbohrhause bei *Kissingen* auf-
geschlossen wurde. Ich habe darüber in meiner Schrift über
die Kohlensäure in den Sprudeln von *Nauheim* und *Kissingen*
berichtet und bemerke hier nur, dass der Buntsandstein zu
Kissingen an der durchbohrten Stelle selbst frei von Kohlensäure war, welche erst da auftritt, wo das Bohrloch den
Dolomit des Zechsteines erreicht hat. Unter diesem Dolomit
liegt Gyps und Steinsalz.

In dem das geologische Kärtchen begleitenden Profilen
habe ich den vermutheten Zechstein angedeutet, ohne jedoch
damit über die Mächtigkeit des Buntsandsteines entscheiden
zu wollen. Bei Kissingen ist der Buntsandstein über 350
Meter mächtig, mit dem Röth zusammengefasst sogar fast
700 Meter; es kann sein, dass er auch bei Pyrmont sehr
stark entwickelt ist.

Der Röth mit seinen thonig- mergelichen Schichten um-
lagert die Buntsandstein-Kuppe rundum.

Am Fusse des Bomberges (*B*) oberhalb des Aesculapplatzes (12 des Kärtchens) und der Dunsthöhle (13) steht
der Röth und Mergel über dem Buntsandsteine an und fällt
in 5 Uhr streichend mit 3 bis 4 Grad nördlich ein, wie im
Profil *A* bei 5 dargestellt ist. Am Bomberge kann die obere
Grenze des Röth ebenfalls sehr deutlich beobachtet werden;
sie liegt circa 180 bis 190 Meter über unserm Nullpunkte
im Emmerthale, so dass die Mächtigkeit des Röth hier ungefähr 190 bis 200 Meter beträgt.

In der Richtung gegen Süden, von Oestorf nach der
Saline legt sich der Röth mit 3 Grad südlichem Einfallen auf
seine Unterlage, man überschreitet ihn und erreicht oberhalb
der Saline die niedrige Kuppe des Buntsandsteines, an deren Nordkante der Röth 2 Grad nördlich einfällt. Ein ähnliches Verhältniss lassen die Röthschichten auf beiden Gehängen des Königsberges (f.) wahrnehmen, so dass sich hieraus

auf die Existenz einer flachen Röthspalte im Buntsandstein schliessen lässt, ich habe sie im Profil *A*, zwischen ·0 und 5 eingezeichnet.

Im Emmerthale, wo die salinischen Säuerlinge zu Tage treten, liegt der Röth mit untergeordneten Gypsbänken am Buntsandstein an. Die obere Grenze desselben befindet sich hier am Mühlenberge, nur 85 bis 90 Meter über dem Nullpunkte an der Saline. Da vorausgesetzt werden kann, dass die Mächtigkeit des Röth an der Saline nicht geringer ist als am gegenüberliegenden Bomberge, so muss hier eine steilgeneigte (oder annähernd senkrechte) Verwerfung der Gesteine stattgefunden haben, welche die untere Grenze des Röth plötzlich um 105 bis 110 Meter unter den Nullpunkt in der Thalsohle der Emmer brachte. Ich habe diese Verwerfung im Profil *B*. bei *S*. 2. abgeleitet und eingetragen.

Wahrscheinlich liegt die verwerfende Kluft in der Richtung des Schichtenstreifens *hora* 5, im geologischen Kärtchen habe ich sie durch die Linien II. II. angedeutet.

Bei der Saline fand man mittelst eines Bohrloches nach Kochsalz folgendes Profil:

Alluvionen und sandiger rother Schieferthon	3,79 Mtr.
Gyps	1,02 „
Perlgrauer Schieferthon . . · . .	6,86 „
gelber dito.	0,29 „
Gyps	0,22 „ .
Sandiger Mergel mit Gypsknollen . . .	1,23 „
Schieferthon und Sandsteinschiefer . . .	34,75 „

Der Gyps steht auch im Flussbette der Emmer, da, wo der Oberwassergraben für die Salinen-Kunsträder angelegt worden ist, an und ward bei deren Ausgrabung entdeckt. Das Bohrlochsprofil beweist, dass er in dünnen Schichten und zum Theil in Scheiben und Knollen dem Schieferthone des Röth eingelagert ist. Bekanntlich enthält der Röth auch anderwärts nicht selten solche untergeordnete Gypslager welche sich in allen Sedimentformationen, von den ältesten bis zu den jüngsten, finden lassen.

Von den Sandsteinbrüchen bei Oestorf (*g*) östlich gegen den Königsberg (*f*) legen sich alsbald höhere Schichtenabtheilungen des Röth an, am Königsberge, welcher nur 140 Meter hoch über den Nullpunkt an der Saline emporragt und dessen Spitze aus Muschelkalk besteht, liegt die obere Grenze des Röth oder die Unterkante des Wellenkalkes nur etwa 60 Meter über jenem Nullpunkte, also ungefähr noch 30 Meter tiefer als am Mühlenberge. Ausser der oben schon erwähnten Einfaltung der Schichten macht sich hier also auch noch eine bedeutende Schichtenverrückung nach der Tiefe hin bemerklich.

Diese Verwerfung kann auch am Ostabhange des Mühlenberges und ebenso am Ostgehänge des Bomberges beobachtet werden, ich construire daraus die im geologischen Kärtchen mit III, III. bezeichnete, *hora* 11 gerichtete, auf dem Profile *B* rechts von 13 nach *F* hin angegebene Verwerfungskluft. Die Verrückung der Schichten ist sehr erheblich und beläuft sich auf 190 Meter. Da die untere Kante des Röth nördlich des Steinbruchs (*g*) 50 Meter über dem Nullpunkte, die Mächtigkeit des Röth 200 Meter, die Erhebung der Oberkante desselben am Königsberge 60 Meter beträgt.

Im Thale des Hessenbaches bei Friedensthal (*F*) und am Gehänge des Schellenberges (*c*) machen sich Verschiebungen der Schichten im entgegengesetzten Sinne sichtbar, so dass östlich der Verwerfungsspalte III. III. mehrere treppenartige Stufen vorhanden sein dürften, deren tiefster Punkt in Gestalt eines Grabens, wie solche im Zechsteine so häufig beobachtet werden, unmittelbar an der Kluft III. III. ansetzend vorliegen muss.

Bei Lovenhausen (*L*) senkt sich die obere Kante des Röth mit dem aufliegenden Wellenkalke allmählig zu Thale, hier wirkte die Verwerfung II. II. erniedrigend auf dieselbe ein, unterhalb des Dorfes Thale (*T*) tritt der Wellenkalk sogar in das Emmerthal herab und durchschneidet es in Gestalt einer tiefen Falte. An dieser Stelle liegen also abermals in *hora* 11 und *hora* 5 streichende Verwerfungen vor, welche die Oberkante des Röth tief u n t e r unsern Nullpunkt bei der Saline herabrücken.

Auf der Westseite von Pyrmont müssen Schichten-Verwerfungen in ähnlichem Sinne vorliegen; denn oberhalb Holzhausen (*H*) bei den Erdfällen (*d*) sowie bei der Papiermühle (*16*) und bei der Stadt Lügde (*Lgd*) nimmt die Oberkante des Röth, beziehungsweise der Wellenkalk, ein tieferes Niveau ein als am Bomberge (*b*) und Mühlenberge (*a*).

Bei Lügde legt sich der Wellenkalk quer durch das Emmerflussbett ähnlich wie bei Thale; die Oberkante des Röth erhebt sich hier nur circa 10 Meter über den Nullpunkt bei der Saline; die Schichtenverschiebung beträgt also an 190 Meter. Am Ramberge (*e*) läuft diese obere Grenze des Röth allmählig in die Höhe, so dass sie an der Papiermühle (*16*) etwa 21 Meter über dem Nullpunkte ist, aber 169 Meter unter dem Punkte am Bomberge (*b*) liegt, wo der Wellenkalk beginnt. An dieser Stelle (*16*) beträgt also die Schichtenverschiebung ebenfalls noch circa 170 Meter. Auch bei den Erdfällen (*d*) ist der Unterschied in der Höhenlage des Wellenkalkes (Oberkante des Röth) noch sehr erheblich, so dass auch hier noch eine Verschiebung der Schichten um mehr als 100 Meter nach der Tiefe hin vorliegt.

Ich habe die verwerfenden Spalten auf dieser Seite auf der geologischen Karte durch die Linie IV. IV. und im Profile *B* zwischen 15 und 5 unter der Bedeckung von Thon und Torf zu versinnlichen gesucht, bemerke aber, dass wahrscheinlich mehrere in *hora* 11, parallel IV. IV. streichende Verwerfungsklüfte hinter einander bestehen, und dass möglicher Weise auch hier ein tiefer Graben vorüberzieht, welcher von Schieferthon des Röth erfüllt, auf beiden oder vielleicht auf allen Seiten durch treppenartig aufsteigende Rücken flankirt ist.

Der über dem Röth liegende Wellenkalk- und die diesen weiter deckenden Hauptmuschelkalk-Schichten folgen überall den auf- und absteigenden Bewegungen des Röth; es bedarf dieses Umstandes nur um deswillen der Erwähnung, weil daraus gefolgert werden muss, dass die Bodenschwankungen, welche jenen Graben- und Rückenbau der Schichten veranlassten, nach der Ablagerung des Muschelkalkes eingetreten sind. Im Muschelkalke haben sie zahlreiche Klüfte veranlasst, durch welche die Meteorwasser rasch einsinken. Diese Klüfte wurden, indem sie durch Erosion und Auflösung erweitert wurden, die Veranlassung der Erdfälle bei Holzhausen, wie sie auch die Ursache vom Hervortreten sehr starker, alsbald als Betriebskraft für Mühlwerke dienlicher Quellen (16) sind. Die Mächtigkeit des Muschelkalkes beträgt nahe an 100 Meter.

Der Keuper, welcher den Muschelkalk in grösserer Entfernung bedeckt, nimmt ohne Zweifel ebenfalls noch Theil an den Niveauveränderungen des Muschelkalkes. Auf den höchsten Stellen des Mühlenberges, welche aber auf unserem Kärtchen nicht mehr aufgenommen werden konnten, befindet er sich unserm Punkte am nächsten.

Er umgiebt Pyrmont wie eine sehr in die Länge gezogene Ellipse, deren Achse von Nord-West-Nord gegen Süd-Ost-Süd gerichtet ist. Etwa 1600 Meter oberhalb Lügde und in gleicher Entfernung unterhalb Thale zieht er durch das Emmerthal. Im Süden ist das frei bleibende Muschelkalkband am schmalsten und mehrmals in der Richtung von Ost nach West ausgebuchtet; im Norden besitzt es eine Breite von 16 bis 1800 Meter; der sich an dasselbe anlehnende Keuper reicht bis zur Weser. Im Westen dehnt sich der Muschelkalk fast um eine Meile breit bis Alverdissen aus, im Osten hat es fast eine halbe Meile Breite und wird bei Eisenborn nur durch ein schmales Keuperband von dem im Weserthale weit verbreiteten Muschelkalke getrennt.

In noch weiterer Ferne zieht südlich von Pyrmont eine schmale Liasfalte in *hora* 5, also im Parallelismus mit den Buntsandsteinköpfen im Pyrmonter Thale streichend, von Polle an der Weser bis Schwalenberg vorüber. Die von Höxter nach Pyrmont führende Chaussee durchschneidet sie bei Rischenau. Sie ist ein Bruchstück einer ehemals zusammenhängenden grösseren Liasablagerung, deren Reste zwischen Horn, Oeynhausen, Münsterbrok und Polle sämmtlich in *hora* 5 streichend angeordnet sind. Die von Herrn von Dechen herausgegebene geologische Karte von Rheinland und Westfalen, Section Höxter, kann über dieses Verhältniss zu Rathe gezogen werden. Aus dieser Karte ergiebt sich ferner, dass die Lias-, Jura- und Kreide-Formationen nordöstlich und südwestlich von Pyrmont in rechtwinklich gegen die Hauptrichtung der oben erwähnten Liasfalte gerichteten langgezogenen Partien vorkommen und ihr Hauptstreichen sowohl nordöstlich am Solling als westlich bei Horn am Eggegebirge parallel mit den das Pyrmonter Thal von Süd nach Nord durchquerenden Verwerfungsspalten in *hora* 10—11 haben, während sie im Wesergebirge und Teutoburgerwalde in mehr ostwestlicher Richtung (*hora* 8—9) verlaufen, in der Breite von Pyrmont also einen Hacken nach Süden schlagen. Diese Anordnung der jüngeren Schichten bezeugt, dass die Umgegend von Pyrmont wiederholt Bodenschwankungen ausgesetzt war. Sie lag vor Absatz der Liasformation weit und breit über dem Meere, es erfolgten dann Senkungen einzelner Schollen, über welche sich der Ocean ergoss, aus dessen Niederschlägen sich Lias, brauner und weisser Jura bildeten. Bodenhebungen, während dieser Periode erfolgend, drängten die Meerbusen in immer geringere Breite-Dimensionen zurück. Die Bucht von Schwalenberg-Polle ward schon nach der Bildung des Lias trocken gelegt; das Meer des braunen Jura begrenzte eine Halbinsel, worauf jetzt Pyrmont liegt, im Süden, Westen und Norden. Darin lagerten sich die Gesteine der braunen und weissen Juraformation ab, während sich auf dem festen Lande und am Strande die Süsswasser-schichten der Wealdenthone mit ihren Steinkohlen-Flötzen entwickelten. Später erfolgte nach erneuter Hebung des Landes der Absatz der Kreideformation, theils als Dünen- und Strandgebilde, theils als Niederschlag in flachem Meere und endlich ward auch diese Formation auf das Feste gehoben. Die Bodenschwankungen, welche das Meer während der Tertiärepoche von Norden her wiederum über Theile des Festlandes hereinbrechen liess, berührte die Umgegend von Pyrmont wenig. Durch die stattgefundenen

Bodenhebungen ward im Thale von Pyrmont ein System von
Spalten hervorgerufen, auf welchem die durch chemische Pro-
zesse im Kalke der Dyas ausgeschiedene Kohlensäure ihren
Weg nach oben finden musste. Namentlich ward die unmit-
telbare Decke des Zechstein-Kalkes der feste Sandstein der
Trias (Buntsandstein) dadurch in zahllose kleine Bruchstücke
zerrüttet in ein lockeres, jener gasfömigen Säure den Weg
nach oben erleichterndes Haufwerk zerlegt. Die Bodensen-
kungen dagegen legten um einige durch tief niedersetzende
Klüfte abgetrennte prismatische Bruchstücke jenes Sandsteines
die mehr thonigen Schichten des Röth in Form verdichteter
Abdämmungen fest, so dass die über eine grosse Parthie des
Zechsteines hin sich verbreitenden Kohlensäure-Gas-Entwick-
kelungen nur einzig und allein in jenen aufgelockerten Sand-
steinprismen zu Tage treten können. Denn wie die Boden-
hebung die Schichten zerbröckelt, weil sie sie auf einer grösseren Fläche als sie einnahmen, vertheilt, so verdichtet, fal-
tet und kräuselt die Bodensenkung dieselben, weil sie sie auf
einen engeren Raum zusammendrängt. Es ward dadurch ein
Apparat construirt, welcher zur Bildung von kohlensäurereichen Quellen im höchsten Grade geeignet ist, da in ihm die
auf weit ausgedehnter Fläche des Dolomits bereitete Kohlensäure wie in engem Halse einer Redorte gesammelt und zu
Tage geführt wird. Auf dem tiefsten Punkte des Sandsteinprismas, nächst der Saline (*S* im Profile *A*,) konnte nun
durch von obenher eingedrungenes Meteorwasser aus den
Schichten der Dyas ausgelaugtes Salz ausfliessen. Hier entstanden sohin s a l i n i s c h e S ä u e r l i n g e, während auf
dem höchsten Punkte des Sandsteinprismas (0 bis 5 Profil
A oder 5 bis 13 Profil *B*.) nur Kohlensäure in Verbindung
mit dem von oben eingedrungenen Meteorwasser im Sandsteine und Röth vorhandene Mineralbestandtheile auflösste und
dadurch die Bildung der k o c h s a l z a r m e n E i s e n s ä u-
e r l i n g e von Pyrmont begünstigte. Da wo im lockern
Sandsteine alles Wasser zur Quellbildung fehlt, können nur
Moffeten, Ausströmungen von Kohlensäure vorkommen, (Punkt
13. Dunsthöhle auf Profil *B*.)

Im Thale von Pyrmont und an dem Gehänge des Bomberges haben sich jüngste, von Tage zu Tage an Dicke zunehmende Ablagerungen angehäuft. Es sind Lehm, Thon oder Letten, Gerölle, Torf und Kalktuff.

Die von den Bergabhängen herabgespülten Staub- und Geröllestückchen sammelten sich im Thale an. Auf Rasenboden am Fusse der Höhen ward der vom Regenwasser fortgewaschene Gesteinstaub wie auf einen Filter zurückgehalten, er sammelte sich vermischt mit den Verwesungsproducten der Pflanzen und den Gehäusen der im Grase lebenden Schneckchen zu den Lehmlagern an, welche oberhalb Oestorf und in der Nähe von Pyrmont jetzo zum Zwecke der Ziegelfabrikation ausgebeutet werden. Diese Lehmlager formiren einen Mantel um einen Theil des lockeren Sandsteinprismas von Oestorf und Pyrmont, welcher Wasser und Gas in letzterem zurückhält und nach oben treibend abdämmt. Hinter diesem Damme sammelt sich das von den Gehängen des Bomberges her in den Buntsandstein einsickernde Meteorwasser, wird aufgestaut, vermischt sich mit dem von untenher zukommenden kohlensauren Gase, und lösst unter dessen Beistande Eisen, Kalk und Magnesia auf. Die Lehmdecke bedingt daher das Hervortreten der am Gehänge des Bomberges in Pyrmont quellenden Sauerbrunnen und der Trampelschen Eisensäuerlinge, welche in tieferer Lage ausfliesen würden, sobald sie entfernt würde oder fehlte. Da, wohin die Lehmdecke nicht reicht, entspringt keine Quelle mehr, in dieser Höhenlage entweicht das kohlensaure Gas durch die Poren des Gesteins in die Atmosphäre und sammelt sich vermöge seiner Schwere in natürlich oder künstlich hervorgebrachten Vertiefungen. Solche Gasexhalationen finden bekanntlich auch in der Nähe von *Nauheim, Wisselsheim, Grünschwalheim* in der Wetterau und in der Nähe des *Laacher Seees* und an anderen Punkten der Eifel statt, sie kommen selbst in klüftigem oder trockenem Sandsteine der Zechsteinformation bei *Bieber* im Hanauischen und in den Steinsalzbergwerken im Hohenzollern'schen vor. Ueberall liegt ihnen dieselbe Ursache, nemlich Wassermangel in den von dem aufsteigenden kohlensauren Gase durchdrungenen Gebirgsschichten zum Grunde. Wenn der von den Bergabhängen zu Thale gespülte Gesteinstaub in sumpfige Wiesen oder gar in Sumpflachen gelangte, so ward er durchfeuchtet und vermischt mit faulenden, also Säuren entbindenden, organischen Resten, zu plastischem Thone und kohlenstoffreichem Schlamme (Moder) umgewandelt. Solche durch eingeschlossene Sumpfschneckengehäuse charakterisirte Sumpfabsätze lagerten sich in der Nähe der tiefer austretenden Eisensäuerlinge zwischen Pyrmont, Schlosspyrmont und Holzhausen reichlich ab, so dass ihre Mächtigkeit an manchen Stellen an 10 Meter beträgt. Diese Niederschläge mischten sich mit den Kalksinter- und Tuffmassen, welche sich aus dem Mineralwasser selbst abscheiden. Die Eisensäuerlinge traten vor Zeiten wahrscheinlich in viel tieferer Lage im Emmenthale selbst unterhalb der jetzigen Badehäuser aus und bestanden dort vielleicht als kohlensäurereiche Salzsoolen. Kalktuffabsätze, eingespülte Schlammmassen, Torfanhäufungen und anderer Pflanzenmoder verfüllten allmählich das alte, tiefliegende Quellbassin und nöthigten das Wasser an höher gelegenen Stellen, aus dem Sandstein einen Ausweg zu suchen. Was also in dem einen Falle der Lehm bewirkte, das ward in dem andern durch Letten, Thon, Moder und Kalktuff hervorgerufen, eine Abdämmung und Aufstauung des von obenher in den lockeren Buntsandstein eingeseihten Meteorwassers, die Vermischung desselben mit der von unten aufsteigenden Kohlensäure, die Auslaugung der durchweichten Gesteine und die Bildung kochsalzarmer, aber gasreicher Mineralquellen an höher über der Thalsoole gelegenen Austrittpunkten. Das aus tieferliegenden Gesteinschichten ausgelaugte Kochsalz fand an den tieferen Thalpunkten einen bequemeren Ausweg, die salinischen Säuerlinge, Neubrunnen und Salzbrunnen bildend, während in der nächsten Nähe von Pyrmont nunmehr das über der specifisch schwereren Soole schwimmende im Sandstein abgedämmte Wasser sich mit der aus der Soole entwickelten Kohlensäure verband, mit deren Beihülfe Kalk- Bittererde, Eisen- und Manganoxydulbikarbonat aufnahm und als moussirende Mineral

2*

quellen zum Vorschein kommen musste. Wird jener Thon-
und Lehmdamm im Thale durchbohrt oder aufgegraben, so
müssen wieder die alten salinischen Säuerlinge zum Vorschein
kommen, die Eisensäuerlinge werden aber alsdann verschwinden oder wenigstens sehr abnehmen Der Lehm-, Thon- und
Kalktuffabsatz ist demnach als ein wesentlicher Bestandtheil
des Pyrmonter Quellapparates zu betrachten. In der Nähe
des Brodelbrunnens (5) ist der Thon und Schlammabsatz
am wenigsten dick, man hat ihn bei Kanalanlagen daselbst
etwa 1 bis 2 Meter stark gefunden, während er an der un-
tern Seite des Badhauses über 10 Meter tief durchstossen
worden ist. An der Klosterallee (8 und 9) lagert sich über
dem Thon eine compacte Kalktuffbank von 2 bis 3 Meter
Dicke. Sie reicht weit am Berge herauf und steht mit jetzt
fast versiegten hoch gelegenen Quellausgängen oberhalb des
Aesculapplatzes (12) in Beziehung. Kalktuff findet sich überall auf der im Kärtchen mit seinem Zeichen bedeckten Fläche, er setzt sich auch jetzt noch in den Quellwasserabzugs-
gräben ab. Jenseits der Klosterallee, gegen Holzhausen hin
tritt unter dem Kalktuffe Torf hervor, worauf vor längerer
Zeit Abbau umging. Die geringe Qualität des gewonnenen
Brennstoffes und die Befürchtung, man möge durch tiefere
Einschnitte die nahen Quellen beschädigen, veranlasste aber
das baldige Wiedereingehen jener Gruben.

Die im Emmerthale vom Flusse bewegten Gerölle sind
für die Quellerscheinung ganz unerheblich, ich übergehe sie
deshalb.

II. Beschreibung der Pyrmonter Mineralquellen.

Ihrer Mischung nach müssen die Pyrmonter Mineralbrunnen eingetheilt werden in

a) Salinische oder kochsalzhaltige Säuerlinge und

b) Eisensäuerlinge.

Wir haben schon im Vorhergehenden darauf hingewiesen,
dass diese beiden Gruppen von Quellen, veranlasst durch

den eigenthümlichen Schichtenbau, in verschiedenen Höhen im Thale selbst und am Gehänge des Bomberges zu Tage kommen. Einige entspringen sogar in, unter die Thalsoole abgeteuften Schächten und Bohrlöchern und werden nur durch Pumpen zu Tage gefördert.

Die meisten der Pyrmonter Quellen sind von Professor *Wiggers* analysirt; ich gebe die Resultate der Untersuchungen auf Procente berechnet in der beiliegenden Tabelle I, habe aber ausserdem auf Tabelle II die Mischung auf die Elementarbestandtheile der von *Wiggers* vorausgesetzten Salze reducirt und auf Tabelle III die festen Bestandtheile der Quellen wie solche von den Chemikern gefunden waren verglichen, indem ich deren Zusammensetzung auf hundert Theile berechnete. Nur eine Analyse, die der Sauerquelle II, ward durch *Krüger & Brandis* ausgeführt.

Zur bequemeren Uebersicht stelle ich die Höhen, in welchen die einzelnen Quellen entspringen, zusammen und gebe dabei deren Gehalt an festen Bestandtheilen an um zu zeigen, dass die tieferliegenden mehr feste Stoffe lössen konnten als die in höherer Lage entspringenden.

	Mtr. unter 0,	feste Bestandthle.
1) Bohrloch der Saline	134,000 — das Wasser enthält	4,0495 %
2) Soolbadbrunnen	7,884 — . .	1,4177 %
3) Sooltrinkbrunnen	0,000 — . . .	1,0701 %

	Metr. über 0,	
4) Neubrunnen u. Neben-		{ 0,3859 %
quelle . .	2,900 — . . .	{ 0,4163 %
5) Brodelbrunnen	16,877 — . . .	0,4196 %
6) Stahltrinkbrunnen	16,206 — . . .	0,3336 %
7) Trampelscher Eisen-		
säuerling . .	22,367 — . . .	0,1596 %
8) Säuerling II. .	24,060 — . . .	0,0605 %
9) Dunsthöhle .	32,149 — . .	Gasexhalation.

Die Kochsalzgehalte der verschiedenen Brunnen betragen:

	in 100 Wasser	in 100 Theilen der in Lösung gekommenen festen Stoffe.	
1) Bohrloch der Saline	3,2001 %	— 79,0 %	salinische Säuerlinge.
2) Soolbadbrunnen .	0,9536 %	— 67,3 %	
3) Sooltrinkbrunnen .	0,7058 %	— 65,9 %	
4) Neubrunnen .	0,1160 %	— 30,1 %	
5) Brodelbrunnen .	0,0207 %	— 4,9 %	Eisensäuerlinge.
6) Stahltrinkbrunnen .	0,0067 %	— 2,0 %	
7) Trampelscher Eisensäuerling . . .	0,0063 %	— 3,9 %	
8) Sauerbrunnen II. .	0,0002 %	— 0,3 %	

woraus sich ergiebt, dass die ersten vier Brunnen eine besondere kochsalzreiche Gruppe bilden, während die anderen höher entspringenden immer weniger von diesem Stoffe enthalten, je höher ihr Austrittspunkt am Berge liegt.

Der Neubrunnen wird von *Wiggers* noch zu den Eisensäuerlingen gezählt, ich muss ihn aber davon trennen und den salinischen Säuerlingen zufügen. Weil er dicht an der Emmer entspringt und offenbar durch sehr viel zufliessendes Bachwasser verdünnt wird, ist er die salzärmste Quelle dieser Gruppe; in ihm gewinnt wie in den Eisensäuerlingen und anderen Oberflächenquellen das Kalkbikarbonat eine grosse Bedeutung. (Vergleiche Tabelle III.)

Sämmtliche Quellen enthalten sehr viel Bikarbonate von Kalk- und Bittererde, nur die am höchsten aus dem Sandstein entspringenden Sauerquelle II und Trampelscher Eisensäuerling sind ärmer an diesen Bestandtheilen. Der letztere hat davon 0,0819 %, die andere nur 0,0036 % aufgenommen, während die übrigen 0,1188 % bis 0,1748 % gelösst haben. Die Stoffe zu diesen Salzen sind in allen nächst Pyrmont anstehenden Felsarten reichlichst vorhanden, aber diejenige Quellen, welche durch nicht tief einsickerndes Meteorwasser gespeist werden, wie die Trampelschen Quellen und der Säuerling II, haben, weil sie den kürzesten Weg durch die

Gesteine zurücklegten, davon am wenigsten aufnehmen können. Dennoch bemerken wir durch einen Blick auf Tabelle
III, dass gerade diese Oberflächenquellen bezüglich der überhaupt aufgelösten Stoffe vorzugsweise Kalkbicarbonate enthal
ten und deshalb Kalksäuerlinge heissen sollten.

Der Gyps- und schwefelsaure Bittererde-Gehalt ist bei
den salinischen Säuerlingen reichlicher als bei den Eisensäuerlingen vertreten, wohl deshalb, weil mit dem im Zechsteine
eingelagerten Kochsalze immer Gyps- und schwefelsaure Magnesia genug vorkommt. Die verdünnteren Soolen enthalten
davon etwas weniger. Am ärmsten erscheinen aus oben bei
den Kalkkarbonaten erwähnten Gründen auch hier die am höchsten entspringenden Säuerling II und Trampelscher Eisensäuerling, während Brodel- und Stahlbrunnen damit aus dem
Moder und Thone versorgt werden. In jenen Quartärbildun-
gen befinden sich Schwefelkiese aufgespeichert, die bei ihrer
Oxydation Schwefelsäure frei werden lassen. Die freie Schwefelsäure und die des entstandenen Eisenvitrioles zersetzen
Kalkkarbonat; es entstehen Gyps, Eisenkarbonat und Kohlensäure.

Ein Blick auf Tabelle III belehrt uns, dass wahrscheinlich in den Moderschichten verhältnissmässig viel Gyps pro-
duzirt wird und dass selbst die verdünnteren Soolen solche
schwefelsaure Salze aus den Alluvial-Schichten beziehen.

					schwefelsaure Salze enthalten.
In 100 Thln. der im Stahlbrunnen aufgelösten Stoffe sind:					51,36
„ „ „ „ „ Brodelbrunnen	„	„	„		49,44
„ „ „ „ „ Neubrunnen	„	„	„		20,68
„ „ „ „ „ Salztrinkbrunnen	„	„	„		17,72
„ „ „ „ „ Salzbadebrunnen	„	„	„		20,07
„ „ „ „ „ der Normalsoole	„	„	„		13,45

Wigger's fand in allen Quellen einen geringen Lithiongen-
halt, dieser scheint aus dem Buntsandstein entnommen zu
werden. *Wigger's* sieht das Lithion als mit Chlor verbunden
an und berechnet für Bohrloch-, Soolbadquellen, Neubrunnen
und Trampelscher Säuerling ungefähr 0,0001 prCt. Chlorlithi-

um, für die Sooltrinkquelle 0,0006, für den Brodel- und Stahl-
trinkbrunnen 0,0003 prCt.

Leider ist die mit dem Quellwasser frei ausströmende
Kohlensäure noch nie ihrer Quantität nach bestimmt worden.
Mit einigen Quellen entweicht sie in grosser Menge und in starken Blasen. Das an das Wasser gebundene kohlensaure Gas
hat *Wiggers* gewogen. Wir bemerken hier dieselbe Erscheinung, welche sich bei anderen gasösen Quellen zeigt und die
in dem Umstande begründet ist, dass das zwischen den Wasser molekülen condensirte Gas durch feste Stoffe ausgetrieben
wird. Die mineralreicheren Quellen enthalten bei gleichem
Drucke (dem einer Atmosphäre) weniger sogenannte freie
Kohlensäure als die mineralärmeren.

Jn tieferen Regionen der Erdrinde, wo ein entsprechend
höherer Druck besteht, wird auch das pyrmonter Salz- und
Mineralwasser erheblich grössere Mengen kohlensaures Gas
condensirt enthalten als es an der Erdoberfläche aufzunehmen
im Stande ist. Dieser Gasüberschuss wird frei und entweicht
in die Atmosphäre, entweder in Blasenform, die Quellen bro-
delnd bewegend, oder aus den Poren und Fugen des Sandsteines als dem aminalischen Leben tödtliche Ausdünstung.

Der Eisengehalt der Mineralwasser fällt in der Regel
zu hoch aus, wenn aus den in offene weite Fässer eingethanen
Quellen zur Analyse geschöpft wird. In den offenen Brunnen findet das Eisenoxydulbikarbonat kleine, an den Fass-
flächen haftende Pflanzeu vor, welche es zersetzen, am brei-
ten Quellspiegel treibt die Atmosphäreluft Kohlensäure aus
und säuert das Eisenoxydul. Bei aufmerksamer Betrachtung
der Pyrmonter Stahlbrunnen finden sich neben den entweichenden Kohlensäurebläschen desbalb immer mehr oder weniger zahlreiche flimmernde Kügelchen von weisem Eisenoxy-
dulkarbonat oder hellgelbem Eisenoxydhydrat flottirend.
Wenn nun der Eisengehalt aus dem bei Abdampfung des
Wassers bleibenden Rückstand ermittelt wird, so vermehren
ihn diese aus andern Wassermengen gefällte Körnchen. Am
sichersten gelangt man zu dessen Kenntniss durch, an den
Quellen selbst ausgeführte Maasanalyse. Es ist höchst wahr-

scheinlich, dass der Eisengehalt der Bohrlochsoolquelle aus
Eisenblech und im Bohrloche zurückgebliebenen Bohrgestän-
gebruchstücke (das Bohrloch konnte wegen erfolgter Brüche
des Instruments nicht tiefer gemacht werden) herrührt; die
Bad- und Sooltrinkquelle enthalten nichts davon. Bei den
anderen Quellen aber wird das Eisen und Mangan offenbar
aus den obersten Schichten ausgelaugt , denn jedes Körnchen Kalk oder Bitterspath, welches das aufwärts quellende
Wasser bespült, muss Eisenoxydul oder Manganoxydul aus-
fällen.

Die Wassermengen welche die Quellen liefern, sind von
Pyrmonter Brunnenbeamten nur selten und ohne Rücksicht
auf Barometerstand und Witterungsverhältnisse gemessen
worden. Es ergiebt sich aus den vereinzelten Beobachtungen
dass die höher am Gehänge des Berges entspringenden mehr
vom Regen abhängen, als die tiefer quellenden. Mit Bestimmt-
heit kann aber angenommen werden, dass Luftdruck und Re-
genmengen denselben Einfluss auf Quantität und Qualität dieser Quellen äussern, wie auf alle andern Sauerquellen.

a) Kochsalzhaltige Säuerlinge.

Von selbst austretend sind nur der Neubrunnen und der
Salztrinkbrunnen; der Salzbadbrunnen und die aus dem Bohrloche für den Salinebetrieb gewonnene Soole müssen gepumpt
werden, von selbst würden sie die Erdoberfläche nicht erreichen.

1) Bohrloch der Saline, Normalflüssigkeit.

Die mit dem Bohrloche am rechten Emmerufer, Fuss des
Mühlenberges in 143 Meter Tiefe geschöpfte Soole tritt aus
einem 231 Meter tiefen Bohrloche hervor, bei dessen Abbohr-
rung sich von 134 Meter Tiefe unter dem von uns angenom-
menen o Punkte, die Schwere und Mischung des Wassers
nicht mehr veränderte.

In einer Tiefe von 134 Meter unter der Oberfläche muss,
wenn die Temperatur bei je 33 Meter Tiefe um 1^0 Cels. zunimmt
eine Wärme herrschen, welche etwa 4^0 höher ist, als die des

Orts. Pyrmont hat etwa 9° mittlere Jahrestemperatur, an dem Punkte wo die Quelle geschöpft wird, dürfte also eine Temperatur von 13° stehen und am Boden des Bohrloches eine solche von etwa 16° C. Es ist wahrscheinlich, dass die Quelle bei 134 Meter Tiefe unter dem 0 Punkte, aus einer Kluft seitlich in das Bohrloch hereintritt, und ihre höhere Wärme mit aus der Tiefe bringt.

Das Wasser wird durch Bohrlochspumpen gefördert und zum Salinenbetriebe verwendet. Die herausgepumpte Quantität richtet sich nach dem Bedürfnisse des Betriebes, ist aber nicht beträchtlich, indem sie bei einer Production von durchschnittlich 2000 Zoll-Centnern Salz ungefähr 4 Millionen Kilogramm oder 4000 Cubikmeter im Laufe eines Jahres beträgt, was pr. 24 Stunden nur ungefähr 11 Cubikmeter ausmacht.

Die Soole ist reich an Kohlensäure, von welcher beim Pumpen natürlich der grösste Theil ausschäumt, während nur 0,0672 pCt. dem Gewichte nach, oder 0,373 *Volum* bei dem gewöhnlichen Atmosphäre-Drucke gebunden bleibt. Das gepumpte Wasser perlt nicht und lässt beim Schütteln nur wenig Kohlensäure fahren, es ist klar, hat ein specifisches Gewicht von 1,02819 und enthält:

Chlor	2,02976	pro Cent.
Schwefelsäure .	0,31865	,,
Kohlensäure .	0,07125	,,
Kieselsäure .	0,00062	,,
Natron .	1,70618	,,
Kalkerde .	0,28832	,,
Magnesia .	0,05793	,,
Lithion .	0,00002	,,
Thonerde .	0,00003	,,
Eisenoxydul .	0,00267	,,
Manganoxydul	0,00031	,,
Brom .	Spuren.	

Der berechnete Kochsalzgehalt beträgt 3,20055 pCt. In der Tiefe mit Soolheber geschöpfte Flüssigkeit soll sehr stark schäumen, also jedenfalls viel Kohlensäure enthalten. Durch geeignete Fassung würde wohl ein Sprudel zu erlangen sein. Betrachten wir diese Soole als die aus der Tiefe aufsteigende Normalflüssigkeit, welche sich mit von obenher eindringendem Meteor- oder Oberflächenquellwasser (von 9° Cels. Wärme) vermischt und dadurch die übrigen Quellen hervorbringt.

Wäre das Bohrloch noch höher am Mühlenberge niedergestossen worden, so würde man die soolführende Kluft in grösserer Tiefe getroffen und darauf ohne Zweifel eine reichere Soole erlangt haben, deren Wärme mit dem Salzgehalte zugenommen hätte. Eine natürlich badwarme gasöse Soole wäre für Pyrmont ein unbezahlbarer Schatz. Mit der Soole steigt erwärmte Kohlensäure aus der Tiefe und dieses Gas, dessen Quantität durch die Analyse leider nur theilweise bestimmt worden ist, trägt wesentlich zur Erwärmung der Salzquelle und Eisensäuerlinge nächst Pyrmont bei.

Die Kohlensäure, welche während des Aufquellens der Normalflüssigkeit im Gesteine frei wird, vereinigt sich alsbald wieder mit dem von oben zutretenden Oberflächenquellwasser, und da letzteres seines geringen Salzgehaltes halber verhältnissmässig mehr von jenem Gase aufnehmen kann als die Normalsoole, so lassen die mineralärmeren Quellen weniger davon in Blasen entweichen; das Oberflächenwasser erwärmt sich aber durch Aufnahme jenes die Temperatur der Tiefe mitbringenden Gases.

2) Soolbadquelle.

Die zum Baden verwendete Soole wird durch Pumpen aus einem 7,884 Meter tiefen Schachte gehoben, an dessen Boden sie aus einem 23,36 Meter tiefen Bohrlöche quillt. Auch diese Quelle fliesst ohne Anwendung der Pumpen nicht frei zu Tage aus, ihre Ergiebigkeit ist vom Gange der Hebemaschine abhängig, soll aber nach Angabe der Badebeamten in 24 Stunden auf etwa 300 Cub. Meter gesteigert werden können, ein Beweis, dass das Gestein weit und breit mit einer der Badquelle gleich gemischten Flüssigkeit durchdrungen ist, welche in hinreichender Menge zustömt, sobald aus dem Brunnenschachte ein Theil entfernt wird. Wir können uns vorstellen, dass im Sandsteine Süsswasser mit Soole gemischt ist, dass die salzärmeren, specifisch leichteren Mischungen oben schwimmen, während in grösseren Tiefen immer salzreichere, schwerere Soolen vorhanden sind. Die Soole des Badebrunnens enthält:

Chlor . .	0,61892	pro Cent.
Schwefelsäure .	0,16856	„
Kohlensäure .	0,19492	„
Kieselsäure .	0,00054	„
Natron . .	0,50820	„
Kali . .	0,00008	„
Lithion . .	0,00002	„
Kalkerde .	0,06145	„
Bittererde .	0,03573	„
Thonerde .	0,00003	„
Manganoxydul	0,00056	„
Brom . .	Spuren.	

Der berechnete Kochsalzgehalt beträgt 0,95366 pCt.

Das ausgepumpte Wasser perlt schwach beim Schütteln, es ist klar, geruchlos, hat eine Temperatur von 10° *Cels.* und 1,00617 *specif:* Gewicht. Die absorbirte freie Kohlensäure wiegt 0,1218 % oder misst 0,6407 *Volum* des Wassers.

Auch im Buntsandsteine und namentlich im Röth finden wir einen schwachen Chlornatriumgehalt, weshalb auch das in diese Gesteine eindringende Oberflächenwasser schon etwas von diesem Stoffe auflösst. Die später zu besprechende Brodelquelle enthält davon 0,0207 pCt. Setzen wir voraus, dass das Oberflächenwasser in der Nähe des 7,884 Meter tiefen Soolschachtes der Salzbadequelle ebenfalls 0,0207 % Chlornatrium aus dem Röth und Sandsteine aufgenommen habe, so bleiben für die an diesem Punkte aus der Tiefe aufgestiegene Soole (0,95366 — 0,0207) = 0,93296 übrig.

Daraus berechnet sich nun, dass die Salzbadequelle gemischt ist aus $\frac{0,93296 \cdot 100}{3,20055}$ = 29,14 pro Cent. Normalflüssigkeit und 70,86. pro Cent Oberflächen-Wasser.

Die Temperatur der Quelle beträgt 10° *Cels.*; aus der Mischung berechnet sich:

$$\frac{29,14.15 \ + \ 70,86.9}{29,14 \ + \ 70,86} \ = \ 10,748° \ Cels.$$

Durch die Rechnung finden wir die Quellentemperatur höher, als durch directe Messung, wahrscheinlich hatte sich die Soole während des Pumpens schon etwas abgekühlt; es ist aber auch möglich, dass die wahre mittlere Temperatur des Ortes unter 9° *Cels.* beträgt. Es sind darüber noch zu wenige Beobachtungen gemacht, jene Zahl (9°) ist durch die Vergleichung mit benachbarten Orten (Göttingen,) gewonnen.

Wahrscheinlich verdünnt sich das Brunnenwasser, sobald die oben angeführte Quantität von 300 Cub. Meter p. Tag ausgepumpt wird sehr stark mit von oben einsickerndem Flusswasser; leider hat aber darüber noch keine Untersuchung stattgefunden. Für gewöhnlich werden täglich (in 24 Stunden) kaum 50 Cub. Meter ausgepumpt. Die Quelle liefert dann bei einer solchen Förderung das von *Wiggers* analysirte Wasser.

3) Der Salztrinkbrunnen.

Die salinische Trinkquelle fliesst etwa im Niveau des dicht dabei vorüberströmenden Emmerbaches aus. Sie ist in einem runden Fasse von ungefähr 0, 9 Meter Tiefe eingethan. Ihr Abfluss sammelt sich in einem etwas tiefergelegenen Bassin, woraus es durch Pumpen entfernt wird. Ohne diese Vorrichtung würde die Quelle nicht benutzbar sein. Ganz in der Nähe entwickeln sich im Emmerbache Kohlensäure-Blasen, die auf das Bestehen noch anderer Quell-Ausgänge an diesem Punkte hinweisen.

Die gefasste Trinkquelle giebt ein klares, geruchloses schwach perlendes Wasser, welches beim Schütteln viel Kohlensäure entbindet, 1,002377 spec. Gewicht und 10° *Cels.* Wärme hat. Es enthält = 0,18134 pro Cent oder 0,954 *Volum* freie Kohlensäure.

Innerhalb einer Minute liefert die Quelle = 1,4687 Kilogramm oder 1,4637 Cubik Meter Wasser in 24 Stunden =

2,11383 Cubik Meter. Wird das Brunnenfass bis auf 0,74 Meter unter dem gewöhnlichen Abfluss entleert, so wallt das Wasser stark auf, die Quellergiebigkeit beträgt alsdann per Minute 7,428 Cubik Decimeter, dessen spec. Gewicht jedoch nur 1,00198 ist, woraus sich ergiebt, dass durch Erniedrigung des Quellausflusses dem Wasser der vorüber fliessenden Emmer der Zutritt in das Quellbassin gestattet wird.

Wir müssen auch diese Quelle als eine starke Verdünnung der Normalflüssigkeit durch Oberflächenwasser ansehen. Ihr verhältnissmäsig höherer Gehalt an freier Kohlensäure erklärt sich eben durch jene Verdünnung, wie wir oben (S. 23) schon ausführten.

Das Trinkbrunnenwasser enthält folgende Bestandtheile:

Chlor	.	0,42638	p. Ct.
Schwefelsäure		0,11795	„
Kohlensäure		0,28691	„
Kieselerde		0,00046	„
Natron	.	0,38149	„
Kali	.	0,00009	„
Kalkerde	.	0,09961	„
Bittererde		0,03379	„
Lithion	.	0,00022	„
Thonerde	.	0,00002	„
Manganoxydul		0,00056	„
Brom	.	Spuren.	

Der berechnete Kochsalzgehalt beträgt = 0,70575 p. Ct.

Der Kochsalzgehalt des vorüberfliessenden Emmerbaches ist so gering, dass er bei Mischungsberechnungen vernachlässigt werden kann. Aus dem Kochsalzgehalte der Normalflüssigkeit und dem der Trinkquelle berechnet sich die Mischung $= \dfrac{0,70575 \cdot 100}{003,255} = 22,05$ p. Ct, rund $= 22$ pCt. Normalflüssigkeit und 78 p. Ct. Oberflächenwasser.

Die Temperatur findet sich daraus $= \dfrac{22.15 + 78.9}{22 + 78} = 10,32^\circ\ C$.

was ebenfalls von der Beobachtung um eine Kleinigkeit abweicht.

Im Bette des Emmerbaches entwickeln sich, wie schon erwähnt wurde Kohlensäure-Blasen, sie steigen an mehreren nur wenige Meter vom Trinkbrunnen entfernten Stellen fast unaussetzend in perlenschnurartigen Reihen auf. Ohne Zweifel würde hier ein, dem Trinkbrunnen ähnliches Wasser gefasst werden können.

4) Der Neubrunnen und seine Nebenquelle.

Der Neubrunnen und seine Nebenquelle entspringen dicht am Emmerufer oberhalb des Salztrinkbrunnens, nur wenige Centimeter höher als der hier durch ein Wehr aufgestaute Fluss. Beide sind in weite Fässer gefasst, der Neubrunnen rund, der Nebenbrunnen quadratisch; die beiden Quellen liegen nur wenige Meter von einander entfernt, der Nebenbrunnen näher nach dem Flusse hin. Dennoch weicht ihre Zusammensetzung ab und ist der Nebenbrunnen etwas ärmer an Salz als der Hauptbrunnen, woraus geschlossen werden kann, dass er durch den vorüberfliessenden Emmerbach stärker verdünnt wird, als der letztere.

Die Temperatur beider Brunnen wechselt mit der Jahreszeit, beide empfangen also viel Oberflächen-Wasser, wahrscheinlich mittelst der den Thalboden bedeckenden Gerölle aus dem Emmerbache. *Wiggers* mass ihre Temperaturen im August + 10,625° *Cels.*, ich fand im Anfang Mai bei 17° Lufttemperatur 9° *Cels.*

Die Zusammensetzung ist folgende:

	Neubrunnen.		Nebenbrunnen.	
Chlor	0,07008 pCt.	.	0,06055 pCt.	
Schwefelsäure	0,04806 „	.	0,03917 „	
Kohlensäure	0,28874 „	.	0,31014 „	
Salpetersäure	Spuren		Spuren	
Kieselsäure	0,00360 „	.	0,00290 „	
Arsenige Säure	Spuren		Spuren	
Natron	0,07902 „	.	0,01130 „	
Kali	0,00352 „	.	0,00103 „	
Kalkerde	0,06584 „	.	0,08376 „	
Bittererde	0,01457 „	.	0,02001 „	

	Neubrunnen.	Nebenbrunnen.
Lithion .	0,00004 pCt.	. 0,00006 pCt.
Ammoniak	Spuren	. starke Spuren
Thonerde	0,00020 „	. 0,00110 „
Eisenoxydul	0,00261 „	. 0,00261 „
Manganoxydul	0,00585 „	. 0,00027 „
Brom .	Spuren	. Spuren.

im Neubrunnen

Der berechnete Kochsalzgehalt beträgt = 0,1160 pCt.

im Nebenbrunnen

„   „   „   „   „   = 0,1003 „

Freie Kohlensäure enthält:

der Neubrunnen   = 0,1778 pCt. oder 0,93578 *Volum,*

der Nebenbrunnen = 0,1684 „   „   0,89333   „

Das specifische Gewicht des Neubrunnens ist 0,09265.

„   „   „   „ Nebenbrunnens „ 1,00324.

Im Hauptbrunnen sind dem Kochsalzgehalte entsprechend etwa 3,62 pCt., im Nebenbrunnen nur 3,13 pCt. Normalflüssigkeit und 96,38 beziehungsweise 96,87 Oberflächen-Wasser gemischt; die Temperaturen der Quellen müssen also sehr abhängig von den Jahreszeiten sein.

Der Nebenbrunnen enthält einen Ueberfluss an kohlensaurer Kalk- und Bittererde, wodurch seine Eigenschwere erhöht, sein Eisen- und Mangangehalt nothwendiger Weise vermindert wird. Ob der mit der Analyse gefundene hohe Manganbicarbonatgehalt des Neubrunnen durch die im Wasser schwimmenden feinen Stäubchen von basischem kohlensaurem Manganoxydule veranlasst wird oder wirklich noch in Lösung ist, muss späteren chemischen Untersuchungen zur Entscheidung vorbehalten bleiben.

Nach *Menke* (in chem. Untersuchung der Pyrmonter Eisensäuerlinge durch *Wiggers.* S. 12) lieferte der Neubrunnen am 19. October 1855 p. Minute = 39 Cub. Decimeter oder p. 24 Stunden = 56,16 Cub. Meter, der Nebenbrunnen p. Minute = 91 Cb. Decimeter oder p. 24 Stunden = 131,04 — Cub. Meter Wasser. Ich konnte ihn, weil er überschwemmt war, im Mai 1862 nicht cubiziren.

b) Eisensäuerlinge.

Die Pyrmonter Eisensäuerlinge entspringeu aus der höher
gelegenen prismatischen Partie des zerbröckelten Buntsandsteines, sie bekommen aus den Tiefen nur Kohlensäure zugeführt, weil die schwerern Chlornatrium reicheren Wasser
unten im Neubrunnen, Salztrinkbrunnen u. s. w. abrinnen.
Die Eisensäuerlinge können deshalb ihr Wasser nur von oben
aus dem Bomberge bekommen. Auf dem Tafel II beigefüg-
ten Profile habe ich die Lage der einzelnen Quellen zusam-
mengestellt, und meine eben ausgesprochene Ansicht anschau-
lich zu machen gesucht.

Bis zu der Horizontallinie *a* sind die Gesteinklüfte und
Poren mit Normalsoole gefüllt, welche durch von oben zu-
tretendes Wasser verdünnt wird, in *b* die Mischung der Salzbadequelle, in *c* die der Salztrinkquelle, in *d* die des Neubrunnen angenommen hat. Diese Linie *d* ist aber auch gleichzeitig das höchste Niveau, welches die von unten heraufkom-
mende Soole erreichen kann. Noch höher steigt nun die aus
jener Soole frei gewordene Kohlensäure aufwärts und mischt
sich mit dem specif. leichteren Wasser, welches von oben vom
Bomberge her in das Gestein eindringt. Die Thon- und
Lehmabdämmung am Fuse dieses Berges begünstigt das An-
stauen jenes Wassers; aber wir beobachten auch hier, dass
die höher ausfliessenden Quellen mineralärmer und ärmer,
also specifisch leichter werden. Endlich fehlt alles Wasser; es
entweicht nur Kohlensäure. Bei *e* ist das Niveau des Brodels, welcher den ungeheuren Gasreichthum ganz einfach seiner
verhältnissmässig tieferen Lage verdankt. Das kohlensaure
Gas wird natürlich leichter in die Luft ausströmen, als
im Gesteine aufwärts dringen, es benutzt die erste Gelegenheit welche sich ihm zur Entweichung darbietet. Wäre nicht
auf der Oeffnung des Brodels ein durch dessen Wasser ver-
mittelter Verschluss, wären die Ausgangklüfte für die Gase
weiter und das Gas in grösserer Tiefe nicht an Wasser gebunden, so müsste an diesem Punkte alles aus den Tiefen
aufwärts dringende Gas ausfliessen; die Construction des
Quellapparates bedingt aber, dass noch ein Antheil Kohlen-

säure höher im Gesteine aufsteigen und sich mit dem Wasser
in höheren Gesteinschichten mischen muss. Mit der Linie *e*
fällt die des Stahltrinkbrunnens, der alten Badebrunnen, des
Augenbrunnens und der in der Klosterallee entspringenden
Quellen nahe zusammen, nur der erstere ist auf seine Bestandtheile untersucht. Er empfängt einen Theil seiner Zuflüsse vom Berge her, also von derjenigen Seite, von welcher
überhaupt das aus der Luft condensirte Wasser kommen
kann; sein Wasser muss also weniger feste Bestandtheile
enthalten als das des Brodel's. Ueber das Verhältniss der
Mischung des Stahlbrunnens aus Brodelbrunnenwasser mit von
oben kommenden Zuflüssen wird weiter unten Nachweis ge-
liefert werden. Die Klosterallecquellen und die andern ge-
nannten Nebenbrunnen des Brodels sind noch nicht analysirt,
ihre Mischung mag sich der des Brodels mehr oder weniger
nähern.

Die Linie *f* bezeichnet die Region der Trampelschen
Eisensäuerlinge und einiger andern ärmeren Quellen, der
eisenhaltigen Säuerlinge I. Diese Brunnen erhalten das Wasser offenbar von oben; es quillt in den Brunnenkammern
seitlich zu.

Die Linie *g* markirt die Höhe der Sauerquelle II, worin
kein Eisen vorkommt und welche die mineralärmste der pyrmonter Säuerlinge ist. Noch höher als sie liegen wasserar-
me Säuerlinge über dem Aeskulap-Platze (Steinbrunnen) in
Linie *h*, welche als die oberste Grenze der Wasseransamm-
lung anzusehen ist, weil höher hinauf auch die abdämmenden
Lehm- und Alluvionschichten nicht reichen. Ueber *h* ist dann
i die Region der zu Tage tretenden Gasausdünstungen.
(Dunsthöhle.)

Der Spiegel des Brodelbrunnens liegt über dem Nullpunkte, d. h. dem Spiegel der Salztrinkquelle — 16,877 Meter.
Nehmen wir ihn als Null-Punkt für die Eisensäuerlinge an,
so stehen die anderen Quellen dieser Abtheilung zu ihm in
folgendem Verhältnisse.

	Meter.	
1) Brodelbrunnen . . .	0,0000	
2) Stahltrinkquelle (Stahlbrunnen) = —	0,6716	liegt tiefer als der Brodel
3) alte Badquelle I und III = —	2,1316	
4) desgl. . II . = —	1,8688	
5) Augenbrunnen . . = —	1,4600	
6) Klosterallee-Quelle . . .	+ 1,0074	
7) Säuerling I und Ia an dem Wege vom Brodelbrunnen nach der Dunsthöhle . . .	+ 4,6716	
8) Trampelsche Eisensäuerlinge	+ 5,4896	
9) Sauerbrunnen II . . .	+ 7,1632	
10) schwacher Säuerling III, welcher als gewöhnlicher Trinkbrunnen benutzt wird . . .	+ 6,5992	
11) Säuerling IV über dem Aesculap-Platze (Steinbrunnen) welcher als Spülwasser zum Badhause abgeleitet ist · . .	+ 11,8552	
12) Dunsthöhle . . .	+ 15,2716	

liegt höher als der Brodel

Auf beiden Seiten des Sandsteinprismas, aus dem die Eisensäuerlinge entspringen, kommen theils aus Röth, theils aus Drainagen im Alluvium über demselben, theils aus Erdfällen und Spalten des Muschelkalkes Süsswasserquellen zum Vorschein, von welchen ich später noch einiges beibringen werde.

1) Brodelbrunnen.

Die Hauptquelle Pyrmonts ist der auf einem freien Platze vor der Trinkhalle entspringende Brodel. Sie liegt tief in einer hölzernen Fassung von achteckiger Form, welche 10,9224 ☐Mtr. Querschnitt hat und zwischen 1,3 und 1,5 Mtr. tief unter den Quellspiegel herabreicht. Der Boden des Quellbassins ist mit Ockerabsatz und allerlei zufällig hineingekommenen, erdigen Bestandtheilen (Schlamm) Blättern, Holzstückchen und dergleichen bedeckt, in welchen eine eiserne Stange noch 1,5 Meter tiefer hinein gestossen werden konnte. Es

3*

ist wahrscheinlich, dass diese Schlammmasse bei 3 Mtr. Tiefe unter dem Quellspiegel auf dem Buntsandsteine aufruht und dass die alte Quellfassung so tief hinabreicht. Gegen das Thal hin wird der Sandstein, wie bekannt, von Thon, Torf und Kalktuff überdeckt und unter diesem wasser- und gasdichten Damme tritt allem Anscheine nach das gasöse Wasser hervor, um in die künstlich hergerichteten Schachtvertiefung auszuströmen.

Das Wasser ist nicht klar, enthält vielmehr feine weisse und gelbliche Flöckchen ausgeschiedenen Eisenkarbonates, welche sich darin mit flimmerndem Scheine bewegen und dasselbe schwach opalisirend erscheinen lassen. *Wiggers* hält diese Flöckchen für Kieselerde, ich muss sie aber als durch Conferven und Diatomeen, die an den Wänden des weiten Brunnenfasses in Menge wachsen, ausgeschiedene einfache Carbonate von Eisen, Manganoxydul, Kalk- und Bittererde halten, weil sie durch zugesetzte Salzsäure aufgelösst werden. Sie bilden im Brunnenfasse selbst zu Boden sinkend jenen dicken Ockerabsatz, von welchem ich mehrere Cubikmeter ausbachern liess, nachdem auf meinen Wunsch der Brunnen leer gepumpt worden war. Ein grosser (der grösste) Theil des Schlammes war wegen starker, das Besteigen des Brunnenschachtes nicht gestatteter Kohlensäureentwicklung nicht zu entfernen, dennoch hatte das Ausräumen einen bedeutenden Einfluss auf die Quelle.

Das Wasser des Brodels wird durch eine grosse Menge in kleinen und grossen Blasen entweichender Kohlensäure in stark aufwallender, brodelnder Bewegung gehalten. Die Kohlensäure steigt vorzugsweise in einer mit dem Laufe des Emmerthales, oder der Hauptstreichungslinie (*hora* 5) der Buntsandsteinsattel parallelen Linie auf; es befinden sich in dieser Linie stärkere und schwächere Entwickelungsstellen neben einander.

Die stärkste Entwickelung liegt der, gegen das Thal (nach Süden) gekehrten Schachtseite genähert, weit aus der Mitte der Fassung. Nach Entfernung einer gröseren Wassermenge, konnte das Quellspiel unter der am Rande des Schachtes angebrachten, einen Theil des Quellspiegels verdeckenden Vorkehrung zum Auffangen von kohlensaurem Gase beobachtet werden, es fand sich, dass ausser der weit südlich gerückten Hauptentwickelungslinie, noch dicht an der südlichen Schachtwand bedeutende Gasströme mit Heftigkeit austreten.

In der Mitte des Schachtes sind dagegen nur schwächere Gasentwickelungen bemerkbar, welche gegen dessen Nordseite gänzlich verschwinden. Hieraus ist zu entnehmen, dass die Kohlensäure vorzugsweise von Süden, (also vom Thale) her unter der daselbst vorkommenden Thonbedeckung hervorkommt.

Nachdem ein Theil des im Brunnen angehäuften Schlammes entfernt worden war, zog sich die Hauptgasentwickelung mehr gegen die Mitte des Schachtes. Die Quantität des entweichenden Gases ist noch nie gemessen worden, dem Anscheine nach übersteigt sie die Menge des ausfliesenden Wassers. Es ist sehr wahrscheinlich, dass durch diese energische Gasentwickelung ein Theil desjenigen Wassers mit in das Quellbassin gehoben wird, welches in der Tiefe mit der aus der Normalsoole freigewordenen Kohlensäure verbunden war und dass nur ein kleiner Wasserantheil der Quelle seitlich, oder aus dem Alluvium vom Gehänge des Bomberges zu tritt. Normalsoole scheint jedoch gar nicht oder nur in geringen Spuren mit zum Vorschein zu kommen.

Nach den Untersuchungen von *Wiggers* enthält die gasförmig ausströmende Kohlensäure nur Spuren von Stickgas. Das letztere ist ohne Zweifel in dem in das Quellbassin tretenden Oberflächen-Wasser als Athmosphäreluft aufgelöst.

Neben dem Brunnen entweichen aus dem Pflaster des Platzes zahlreiche Kohlensäure-Bläschen, welche bei Regenwetter oder, wenn die Unebenheiten des Pflasters auf andere Weise mit Wasser bedeckt und erfüllt werden, in die Augen fallen. Solche kleine Gasbrodel liegen vorzugsweise südlich am Brunnenfasse, auch sie bezeugen, dass von dieser Seite her die gasösen Wasser heraufkommen und dass die Quellfassung nicht dicht und nicht genügend gesichert ist.

Die Temperatur der Quelle ist nah *Wiggers* (im August)

12,5⁰ C., ich fand sie im Mai bei 17⁰ C. Lufttemperatur nur 11,875⁰ C. Es ist dies ein Beweis, dass die Quelle wenig Normalsoole enthält, und nicht als eine der Tiefe entsteigende Thermalquelle anzusehen ist.

Das specifische Gewicht des Wassers ist nach *Wiggers* 1,0033187, ich fand es im Mai 1862 freilich mit einem anderen nicht verglichenen Apparate 1,00321; nachdem aber der Brunnen nun 0,75 Meter tief ausgeschöpft war, also bei soweit erniedrigtem Wasserstande nur 1,00280. Es geht daraus heror, dass die Quellfassung mangelhaft ist und bei Erniedrigung des Wasserstandes im Brunnenfasse das im Nebengesteine stagnirende Oberflächenwasser eindringen lässt.

Die Zusammensetzung der im Wasser gelösten Stoffe geht aus der *Wiggers'schen* Analyse hervor. Der Ocker enthält aber ebenfalls Stoffe, welche Anfangs in Lösung waren, deren Quantitäten jedoch so gering sind, dass sie sich der gewöhnlichen Wasseranalyse entziehen.

Die in gröseren Mengen im Wasser gelösten Stoffe sind:

Chlor	0,01274	pCt.
Schwefelsäure	0,10988	„
Kohlensäure	0,27681	„
Kieselsäure	0,00360	„
Kalkerde	0,11899	„
Bittererde	0,03216	„
Natron	0,02269	„
Kali	0,00216	„
Lithion	0,00011	„
Thonerde	0,00110	„
Eisenoxydul	0,00305	„
Manganoxydul	0,00209	„

In geringeren Spuren sind darin noch enthalten: Salpetersäure, Arsenige Säure, Phosphorsäure, Fluor, Kupfer-, Blei-, Antimon-, Zinn-, Wismuth-Oxyd, Strontianerde, organische Substanz.

Der berechnete Kochsalzgehalt des Wassers beträgt = 0,0207 pCt. Die bei gewöhnlichem Atmosphäredruck aufgelöste Kohlensäuremenge = 0,1629 pCt. dem Gewichte und =

0,86284 dem Volum nach. Die Summe der festen Bestandtheile, wobei die Karbonate als Bikarbonate berechnet sind
0,4196 pro Cent.

Die Ergiebigkeit der Quelle ist jährlich nur einmal, gewöhnlich Mitte Mai gemessen worden. Sie betrug

	p. Minute	p. 24 Stunden
1860	121,000 Cub. Decimeter	174,24 Cb. Mt.
1861	107,166 „ „	154,32 „
1862 vor der Reinigung	112,492 „ „	161,99 „
1862 nach der Reinigung	132,606 „ „	190,95 · „

Die Wasserergiebigkeit der Quelle ist also abgesehen
von der Verminderung, welche durch Verschlämmung der Aus-
gänge bedingt war, nicht zu jeder Zeit gleich gross, sondern
beträchtlichen Schwankungen unterworfen. Wahrscheinlich
haben Regen und Thauschnee bedeutende Einwirkung, ohne
Zweifel vermindert auch hoher Barometerstand die Entwickelung der Kohlensäure und demnach auch die Quantität des
ausfliessenden Wassers.

Wenn dereinst diese interessante Quelle in festerer und
ihrer Mischung angemessenerer Fassung sich befindet, wird
es von Wichtigkeit werden, tägliche oder wenigstens häufi-
gere Beobachtungen ihrer Ergiebigkeit, des ausfliessenden
Gases, der Wasserzusammensetzung, der Temperatur und des
Barometerstandes anzustellen. Alsdann können vielleicht auch
die ausströmenden Kohlensäuregas - Mengen öfters gemessen
werden.

Wenn das Niveau des Brodelbrunnens unter 0,75 Meter
erniedrigt wird, d. h., wenn man ihn soweit leerpumpt, sinkt
die ihm nahe gelegene Stahltrinkquelle zurück, moussirt nicht
mehr und fliesst nicht mehr aus. Lässt man das Wasser im
Brodelbrunnen wieder steigen, so hebt sich der Wasserstand
im Stahlbrunnen ebenfalls wieder und letztere Quelle giebt
genau soviel Wasser als vorher. Ein Leerschöpfen der schwachen Stahlquelle hat dagegen auf den Brodel keinen Einfluss.
Es ergiebt sich hieraus, dass der Stahlbrunnen ein Nebenbrunnen des Brodels ist, dass er jenem hauptsächlich Oberflächen-Wasser zuführt und vom Brodel dagegen Mineral-

wasser und Kohlensäure empfängt. Das höhere Niveau des
Brodelbrunnens hat in dem Ausströmen des kohlensauren
Gases seinen Grund; die in seiner Nähe liegenden Quellen,
Stahlbrunnen, Augenbrunnen, alte Badebrunnen I, II und III
sind nur Nebenquellen, deren Wasserzufluss hauptsächlich
vom Bergabhange her erfolgt. Wir kommen darauf zurück.

2) Stahltrinkquelle. (Stahlbrunnen)

In einer Entfernung von 18,6 Meter nördlich, (nach der
Bergseite hin) vom Brodelbrunnen, entspringt in einer Vertiefung, jedoch mit 0,6716 Meter unter dem Brodelquell lie-
gendem Ausflusse der Stahlbrunnen. Das Brunnenfass ist
rund, hat 0,9127 ☐Meter Queerschnitt und 0,876 Meter Tiefe
unter dem Quellspiegel.

Das Wasser dieser Quelle perlt schwach, beim Schütteln
stärker, ist ziemlich klar, enthält aber ebenfalls feine weisse
Flöckchen von basisch kohlensaurem Eisenoxydul. Schwefel-
wasserstoffgeruch ist selbst beim Schütteln nicht wahrzuneh-
men. Das specifische Gewicht des Wassers fand *Wiggers*
im August 1856 = 1,00316288, die Temperatur = 12,5° Cels.
Ich fand das spec. Gewicht im Mai 1862 nur 1,0025, die
Temperatur 11,875° Cels. Wenn ich den Brunnen bis auf
den Grund ausschöpfen liess, betrug das spec. Gewicht des
alsdann reichlicher zu quellenden Wassers nur 1,0023. Diese
Differenzen beweisen die Abhängigkeit der Quelle von atmosphärischen Einflüssen und lassen ein Urtheil über die
grossen Mängel in der jetzigen, überhaupt für Eisenquellen
höchst ungeeigneten Fassung fällen. Schon Krüger und
Brandis, welche 1826 diesen Brunnen chemisch untersuch-
ten, fanden, dass er

im Mai 1826, $\frac{25,7}{7680}$ oder 0,3346 pCt. feste Bestandtheile

im Juni   ,, , $\frac{21,96}{7680}$,,   0,2860   ,,   ,,   ,,   ,,

im Juli   ,, , $\frac{20,78}{7680}$,,   0,2705   ,,   ,,   ,,   ,,

enthielt; sie vermutheten mit Recht, dass diese Gehaltschwankungen durch das öftere Ausschöpfen des Brunnens während der Curzeit veranlasst würden. Wahrscheinlich beruhen sie gleichzeitig auf stärkerem oder geringerem Zutritt von atmosphärischen Niederschlägen.

Nach der *Wiggers*schen Analyse enthält das Wasser = 0,3337 pCt. feste Bestandtheile und 0,2006 pCt. oder 1,062346 Volum Kohlensäure.

Die Quelle lieferte

	per Minute		per 24 Stunden	
im Mai 1860	9,00 Cub. Decimeter		12,960 Cub. Meter	
„ 1861	8,95 „	„	12,888 „	„
„ 1862	8,50 „	„	12,240 „	„
nach der Reinigung derselben	8,75 „	„	12,600 „	„

Wurde dieselbe ausgeschöpft so lieferte sie bei 0,438 Mtr. unter dem gewöhnlichen Abflusse per Minute 23,585 Cub. Decimeter oder fast dreimal soviel als oben. Das Wasser hatte jedoch eine geringere specifische Schwere, woraus sich die Undichtheit der Fassung ergiebt.

Mit dem Wasser sind folgende Stoffe verbunden:

Chlor	.	0,01092 pCt.
Schwefelsäure	.	0,10365 „
Kohlensäure	.	0,28898 „
Salpetersäure ⎫ Arsenige Säure ⎬ Phosphorsäure ⎭		Spuren
Kieselsäure	.	0,00040 „
Fluor	. .	Spuren
Kalkerde	. .	0,10188 „
Bittererde	. .	0,02180 „
Natron	. .	0,00358 „
Kali	. .	0,00162 „
Thonerde	. .	0,00010 „
Lithion	.	0,00011 „
Strontianerde ⎫ Ammoniak ⎬		Spuren
Eisenoxydul	.	0,00332 „

Manganoxydul . 0,00027 pCt.

Bleioxyd
Kupferoxyd
Wismuthoxyd
Antimonoxyd
Zinnoxyd
organische Substanz ⎫ Spuren

Der berechnete Chlornatrium (Kochsalz) gehalt ist 0,0067 pro Cent, von so geringer Menge, dass angenommen werden muss, er sei dem Buntsandstein und den ihm aufgelagerten Röthschichten entnommen.

Die Brodelquelle hat 0,0207 pCt. Chlornatrium,
der westliche Trampelsche Säuerling 0,0063 pCt. „
der östliche   „   „   0,0058 „ „
der Sauerbrunnen II   ;   0,0002 „ „

Solche geringe Quantitäten wie diese, können die Gewässer aus jedem vom Meere abgesetzten Sedimente entnehmen.

Der Hauptcharakter dieser Quellen wird für die geologische Anschauung durch Kalk- und Mangnesiabikarbonat geschaffen, Stoffe, welche sie nebst Eisenoxydul vermittelst der ihnen aus der Tiefe zuströmenden Kohlensäure im bunten Sandsteine und Röth bilden und auflösen; Gyps und schwefelsaure Bittererde entnehmen sie dem Röth oder dem Torfe und Alluvialthone, worin sich diese und einige andere schwefelsaure Salze unter Beistand des zersetzten Schwefelkieses bilden können.

Die Stahltrinkquelle hat unter allen analysirten Pyrmonter Wassern die grösste Quantität Kohlensäure gebunden. Ihr geringer Mineralreichthum gestattet ihr grössere Aufnahme dieser Säure als dem Brodelbrunnen; sie ist als eine Mischung dieses letzteren, bevor sich dessen Kohlensäure in die Luftform umgewandelt hat, mit Oberflächenwasser anzusehen. Das von ihr aufgelösste Eisen fand sie in den obersten Schichten des Buntsandsteines, Alluvialthones und Torfes in Menge vor.

3) Die alten Badebrunnen und der Augenbrunnen.

Auf der Terrasse, worauf der Brodelbrunnen und die Stahlquelle hervorbrechen, liegen noch mehrere alte Brunnenschächte, zum Theil von unbekannter Tiefe. Sie sind weit und lang mit starken Balken ausgezimmert, wie in alten Zeiten die Salzbrunnen verbaut und eingerichtet wurden und dienten ohne Zweifel zugleich als Sammelbassins für das zum Baden bestimmte Mineralwasser. Jetzt sind sie sämmtlich sehr baufällig und durch hineingefallenen Schlamm verunreinigt. In einem dieser Brunnen konnte mit einer eisernen Stange 8,75 Mtr. tief durch den Schlamm gestochen werden, in dieser Tiefe liess sich fester am Eisen knirschender (also wohl Sandstein) Grund finden.

Die aus den Brunnen abfliessende Flüssigkeit moussirt nicht, enthält aber freie Kohlensäure gebunden, sie setzt Eisenocker ab, enthält also Eisenbikarbonat. Kalkbikarbonat und Gyps fehlen ebenfalls nicht. Das specifische Gewicht des Wassers in allen drei alten Badebrunnen, übereinstimmend 1,0028; sie stehen also zwischen Stahl- und Brodelbrunnen. Die alten Badebrunnen liegen rein westlich vom Brodel 32 bis 38,5 Meter entfernt, ihr Abfluss ist 1,87 bis 2,13 Meter tiefer als der des Brodels. Der Augenbrunnen, welcher dicht oberhalb der alten Badebrunnen am meisten gegen den Berg hin liegt und 1,46 Meter unter dem Brodelbrunnen ausfliesst, ist am mineralärmsten. Er hat ein specifisches Gewicht von 1,0023, ist also ärmer als der Stahlbrunnen, besitzt sehr wenig Kohlensäure und dürfte eine schwache aus dem Bergabhange sickernde Quelle sein.

Diese vier alten Brunnen geben zusammengeleitet per Minute 13, 5 Cub. Decimeter oder in 24 Stunden 19,44 Cub. Meter Wasser. Chemische Analysen bestehen davon nicht.

4) Die Klosteralleequelle.

Auf derselben Terrasse, jedoch 175 Meter weiter westlich und 1,0074 Meter höher entspringt in einer gewöhnlichen viereckigen Fassung die Klosteralleequelle. Sie hatte am 5. Mai 1862 eine Temperatur von 11,875° Cels., ein specifisches Gewicht von 1,003. Das Wasser ist reich an Kohlensäure, wallt im Fasse schwach auf, perlt beim Schütteln sehr stark, setzt Kalktuff und Eisenocker ab, schmeckt angenehm, schwach salzig und möchte in der Zusammensetzung dem Brodelbrunnen sich nähern. Eine chemische Analyse ist davon noch nicht unternommen. In jeder Minute fliessen 11,13 Cub. Decimeter Wasser aus, also p. Tag 16,027 Cub. Meter.

Die Quelle in der Klosterallee tritt aus dem unter Thon Torf und Kalktuff verborgenen Buntsandsteine hervor; sie entspringt an einer Stelle, wo der Kalktuff ausgebrochen worden ist. In ihrer Nähe, mehr gegen den Aeskulapplatz steht dieser Quellabsatz noch in 2 bis 3 Meter dicken Bänken an, unter welchen, weiter östlich, in einem Privatgarten noch eine ähnliche Mineralquelle hervorkommt, während auf der andern Seite, ohnfern des alten Torfstiches im Severinischen Garten durch Drainage nicht unbedeutend, schwach kohlensaures eisenhaltiges Oberflächenwasser abgeleitet wird. Auf dem westlichen Abfalle des Bomberges rinnt das condensirte Meteorwasser über dem hier durch Verwerfungsspalten in tieferes Niveau gesenkten Röth nach Holzhausen hin in einem sumpfigen Wiesengrund zusammen, die um das Schloss Pyrmont angelegten Teiche versorgend. Der Wasserreichthum der Pyrmonter Säuerlinge würde vermehrt werden können, wenn dieses Wasser nach dem Aesculapplatze hin gewendet und dem Buntsandsteine zugeführt würde.

Die Klosteralleequelle empfängt wie der Brodel die Kohlensäure aus der Tiefe, bewegt sich unter dem Thone und Kalktuffe nach oben und findet daselbst von oben her eingedrungenes Wasser vor, womit sie sich mischt und Kalk aus dem Gesteine auflösst. Die Quelle liess zu Tage wiederum Kalk als Kalktuff fallen, wodurch ihr Austrittspunkt immer höher und höher gegen den Berg geschoben wurde. Natürlich verminderte sich dabei auch die Quellergiebigkeit und endlich gingen nur noch geringe Wassermengen in der Nähe des jetzigen Steinbrunnens, zu Tage. Unterhalb des Steinbrunnens setzten jene Quellen viel Eisenocker ab, wovon der jetzt als Feld benutzte Moorboden stark gefärbt ist. Als später die Kalktuffdecke unterhalb des Aesculapplatzes durchbrochen ward, entsprang die Quelle wieder in einem tieferen Niveau. Durch Drainage wird ihr seitlich viel Speisewasser entzogen, man hätte dieses wahrscheinlich durch Bohrungen durch die Thondecke hindurch nach dem Quellherde hin lenken können.

Die um den Brodelbrunnen gelegenen Quellen, Stahlbrunnen, alte Badebrunnen I, II und III, sowie der Augenbrunnen erhalten Kohlensäure und mit ihr wohl auch einen kleinen Antheil mineralreicheres Wasser von der Mischung des Brodels von unten, während der grösste Theil ihres Speisewassers von oben her zurinnt.

Die Wassermenge, welche auf der ersten Terrasse ausfliesst, beträgt:

Brodelbrunnen   pro Tag 162 bis 190,95 Cub. Meter.
Stahlquelle   .   „   „   :   12,60 „   „
3 alte Bade- und
Augenbrunnen.   „   „   •   19,44 „   „
Klosteralleequelle „   „   . . 16,03 „   „
                                   239,02 Cub. Meter.

oder innerhalb eines Jahres 87242 Cb. Mtr.

Die hinter dem Quellterrain liegende Fläche des Bomberges bis zu dessen Gipfel ist 1800 Mtr. lang und 1200 Mtr. breit, also 2520000 ☐ Mtr. gross. Es fällt durchschnittlich im Jahre 0,676 Mtr. atmosphärischer Niederschlag, mithin auf jene Fläche = 1700000 Cb. Mtr. Wasser. Die Quellen werden also von dem am Abhange des Bomberges in die Erde eindringenden Meteorwasser reichlich gespeist, denn sie liefern wirklich nur $\frac{87242}{1700000} = 0,0513$ desselben; es können also über $\frac{94}{100}$ des fallenden Meteorwassers oberflächlich abrinnen, wieder verdunsten und sonst verwendet werden.

Hieraus ergiebt sich zur Genüge, dass die Abhänge des Bomberges hinreichend Fläche darbieten, um dasjenige Wasser aus der Atmosphäre aufzunehmen, welches in den Pyrmonter Quellen zu Tage tritt; es bedarf sohin zur Erklärung der Quellergiebigkeit keineswegs der Voraussetzung, dass deren Wasser von weitem herzugeführt werde.

5) Säuerlinge I und Ia
am Wege vom Brodel nach der Dunsthöhle.

Diese beiden auf Privatgrundstücken entspringenden Quellen liefern wenig Wasser, sie finden ihres geringen Eisengehaltes wegen keine Anwendung zum Baden, können aber als schwache Säuerlinge getrunken werden. Sie theilen diese Eigenschaften mit sämmtlichen aus dem bunten Sandsteine von Pyrmont entspringenden Quellen, während diejenigen Brunnen, welche im Röth liegen, kohlensäurearmes Süsswasser liefern.

Die beiden Säuerlinge I und Ia kommen auf Kluft- und Schichtenflächen des Gesteines zum Vorschein und fliessen horizontal aus, woraus wir erkennen, dass sie ihren Wasserzufluss von oben erhalten.

Ihre Ursprungsstätte liegt 4,6716 Mtr. über dem Spiegel des Brodelbrunnens oder 21,5486 über dem Nullpunkte (Spiegel des Salztrinkbrunnens) etwa 70 und 105 Mtr. fast nördlich vom Brodelbrunnen entfernt, am Gehänge des Bomberges.

6) Die beiden Trampel'schen Eisensäuerlinge.

In einer Höhe von 5,4896 Mtr. über dem Brodelbrunnen oder 22,3666 Mtr. über unserm Nullpunkte befindet sich am steilen Abhange des Bomberges, oberhalb einer, den Schröder'schen Garten bildenden aus Lehmboden bestehenden Verflächung, im bunten Sandsteine ein kurzer Stollen, worin von links und rechts zwei verschieden gemischte Eisensäuerlinge entspringen. Beide Quellen sickern aus den Schichtklüften des Sandsteines horizontal herein und sammeln sich in einem gemeinschaftlichen Bassin.

Oestlich von dem 217 Mtr- in nord-östlicher Richtung vom Brodelbrunnen entfernt liegenden Quellpunkte dieser eisenhaltigen Säuerlinge zieht eine flache rinnenartige Schlucht vom Bomberge herab nach Oestorf und zu Thale, in welcher noch mehrere kohleusäurehaltige Quellen, die Säuerlinge II und III zu Tage treten. Diese Rinne führt offenbar einen grossen Theil des atmosphärischen Niederschlags vom Gebirge zu Thale. Der von Osten her in den Stollen einsickernde Eisensäuerling, der östliche Trampelsche genannt, ist deshalb auch verdünnter und nähert sich mehr dem Säuerlinge II, welcher jedoch in höherem Niveau 167,36 Mtr. von ihm entfernt aus dem Sandstein hervortritt.

Der von Westen einsickernde westliche Trampelsche Eisensäuerling, welcher von der Seite gegen den Brodelbrunnen her kommt, ist reicher an Gyps und Kalkbikarbonat, aber ärmer an Eisenbikarbonat und Kohlensäure, als der andere. Die Ergiebigkeit der westlichen Quelle ist dem Anscheine nach etwas geringer als die der östlichen, doch ist solches wegen mangelnder Einrichtungen nicht genau zu ermitteln. Beide Quellen scheinen von atmosphärischen Ereignissen sehr abhängig zu sein, wenigstens ist ihre Wassermenge zu verschiedenen Zeiten erheblich abweichend. Beide zusammen lieferten im

Mai 1860 p. Minute 57 Cb. Decimtr., p. 24 Stunden 82,08 Cb. Mtr.
„ 1861 „ 88 „ „ „ „ 126,72 „
im Mai 1862 konnten sie wegen Störungen in der Wasserleitung nicht cubizirt werden,

Das Wasser beider Quellen ist klar, geruchlos, perlt nur nach dem Schütteln stark.

Ihr Gehalt ist nach *Wiggers*:

	westliche Quelle	östliche Quelle
Chlor	0,00388 pCt.,	0,00358 pCt.
Schwefelsäure	0,04111 „	0,02023 „
Kohlensäure	0,21056 „	0,22884 „

	westliche Quelle		östliche Quelle
Kieselsäure	0,00050 pCt.	.	0,00010 pCt.
Salpetersäure	Spuren	. .	Spuren
Kalkerde .	0,04364 „	.	0,02638 „
Bittererde	0,00948 „	.	0,00717 „
Natron .	0,00665 „	.	0,00422 „
Kali .	0,00270 „	.	0,00227 „
Lithion .	0,00004 „	.	0,00004 „
Ammoniack	Spuren	. .	Spuren
Thonerde	0,00020 „	.	0,00010 „
Eisenoxyd	0,00079 „	.	0,00159 „
Manganoxyd	0,00027 „	.	0,00009 „
organische Substanz .	Spuren	.	Spuren

Der berechnete Kochsalzgehalt beträgt .   0,00630 pCt.   .   0,00580 pCt.

Die freie Kohlensäure gewogen   0,15930 „   .   0,19560 „

Volum .   0,838228 „   .   1,029412 „

Das specifische Gewicht   1,001223745 „   1,001215346 „

Arsenige Säure war in keiner der Quellen nachzuweisen. Die Temperaturen fand *Wiggers* im August 1856 bei beiden 10,625⁰ Cels.; ich bestimmte sie im Mai 1862 bei beiden übereinstimmend zu 10,0⁰ Cels.

Das Gestein, aus welchem die Quellen hervorkommen, haucht zuweilen so reichlich Kohlensäure aus, dass sie sich in Vertiefungen des zum Stollen führenden röschenartigen Einschnittes sammelt und kleine Thiere tödet. Die östliche mineralärmere Quelle bindet bei gewöhnlichem Atmosphäre-Drucke mehr Kohlensäure, als die westliche mineralreichere, ein Umstand, welcher eben in der geringeren Menge der aufgelösten Mineralbestandtheile seine Veranlassung findet.

7) Die Säuerlinge II und III.

In östlicher Richtung, gegen den an den Trampelschen

Eisensäuerlingen herabziehenden, rinnenförmigen Graben und mitten in demselben quellen ein stärkerer und ein sehr schwacher Säuerling.

Der Säuerling II tritt horizontal aus dem Buntsandsteine in einen weiten und tiefen gewölbten Raum herein, ist klar, perlt schwach und liefert pr. Minute 41,34 Cb.Decimtr. oder in 24 Stunden = 59,5296 Cb. Mtr. Wasser. Die Temperatur der Quelle betrug im Mai 1862 = 9,5⁰ Cels.

Jhre Zusammensetzung ist 1827 von *Brandis & Krüger* ermittelt, ich berechnete daraus folgende Gehalte:

Chlor . . .	0,00130	pCt.
Schwefelsäure .	0,01030	„
Kohlensäure .	0,17210	„
Kalkerde .	0,01467	„
Bittererde .	0,00437	„
Natron .	0,00454	„

Das Wasser enthält berechnetes Kochsalz = 0,0002 pCt, freie Kohlensäure = 0,1465 pCt. oder 0,7707 Volum.

Die Quellergiebigkeit ist wohl abhängig von dem Regenniederschlage, wie bei allen Quellen, selbst den tief aus der Erdrinde hervorkommenden Bohrlochsquellen zu Nauheim; aber in unserem Falle wird das Maximum der Ergiebigkeit rascher nach starken Regengüssen eintreten und das Minimum bei trockenem Wetter schneller erfolgen, als bei tiefer im Innern liegenden Quellen.

Das aus dem Säuerling II fliessende Wasser wird in einem Teiche angesammelt, um als Speisewasser für Springbrunnen zu dienen. In diesem Bassin wachsen viele Conferven, welche Kalkkarbonat abscheiden und sohin die Veranlassung zur Bildung von Kalkschlamm werden. Diese Quelle ist 122,5 Mtr. vom Trampelschen Eisensäuerling entfernt, liegt aber 0,6736 Mtr. höher als derselbe.

Der schwache Säuerling III liegt 63 Mtr. östlich vom Säuerling II, nur 0,564 Mtr. tiefer als dieser am Boden der mehr erwähnten Rinne. Er führt daher das meiste in derselben niedergehende Wasser zu Thale, nachdem es über dem

vorliegenden Lehmdamme zu Tage getreten ist. Das Wasser
schmeckt sehr merkbar nach Kohlensäure, perlt beim Schütteln, ist aber noch nicht chemisch untersucht. Von diesem
Brunnen geht eine Leitung nach der Stadt Pyrmont und nach
Oestorf; seine Ergiebigkeit beträgt p. Minute 52 Cb. Decimtr.
oder in 24 Stunden 74,88 Cb. Mtr.

8) Der Steinbrunnen,

Säuerling IV oberhalb des Aesculapplatzes.

Dieser Brunnen ist durch eine Art Drainage in einer
Höhe von 11,8552 Mtr. über dem Brodelbrunnen, nordwest-
lich von diesem am Fusse des Bomberges an einer vorher
feucht gewesenen Stelle gebildet und zum Spülen in das Bade-
haus geleitet worden. Seine Wasserergiebigkeit wechselt mit
der Jahreszeit. Er liefert ein schwaches Sauerwasser und
liegt 280 Mtr. vom Brodelbrunnen entfernt.

9) Quellspuren am Pyrmonter Schlosse und bei der Oehlmühle nächst Holzhausen.

Bei Fundament- und Brunnengrabungen in dem südwest-
lichen Winkel des um das Schloss gezogenen Grabens und
auf dem Hofe der Oehlmühle, zwischen Holzhausen und *Lügde*,
sollen sich Gasentwicklungen und kohlensaure Quellen gezeigt haben. Die aufgegrabenen Stellen wurden aber auf
Befehl der damaligen Brunnenverwaltung alsbald wieder geschlossen, damit die höher, aber auch ziemlich entfernt gelegenen Pyrmonter Stahlbrunnen nicht leiden möchten.

Vielleicht beruhte die Wahrnehmung auf einer Täuschung
wenn aber wirklich gasöse Quellen von einiger Erheblichkeit
an den bezeichneten Stellen hervorgebrochen wären, so würde
deren Abdämmung mit grossen Schwierigkeiten zu kämpfen
gehabt haben, insofern sie mit den weit höher gelegenen pyrmonter Stahlbrunnen in Verbindung gestanden hätten. Möglicher Weise geht eine Verwerfungsspalte durch die auf dem
Kärtchen Tafel I mit 14 und 15 bezeichneten Punkte, sie
könnte Kohlensäure aus der Tiefe treten lassen, welche sich
oben mit Oberflächenwasser mischte. Wie wir gesehen haben,

empfangen die Stahlbrunnen Pyrmonts das Wasser von oben, die
Kohlensäure aus der Tiefe; die in tieferem Niveau ausgehenden
Salzbrunnen verhindern deren reiche Ergiebigkeit nicht; es
würden also auch jene Quellen am Schlosse und der Oehlmühle keinen störenden Einfluss geäussert haben. Allerdings
könnte ein tief eindringendes sehr weites Bohrloch zunächst
des Badehauses, also ziemlich nahe an dem Brodelbrunnen,
dessen Existenz gefährten, weil es dem gasösen Wasser der
Tiefen einen bequemeren Ausgang verschaffen würde.

In der Nähe des Ortes Lovenhausen sollen ebenfalls
kohlensäurehaltige Quellen beim Brunnengraben entdeckt und
alsbald wieder zugeworfen worden sein.

III. Kohlensäureexhalationen in der Nähe von Pyrmont.

Dunsthöhle.

Hoch über allen seither besprochenen Quellen, etwa 100
Meter nördlich von dem Sauerbrunnen III, also weit nordöstlich vom Brodelbrunnen, jedoch 15,2716 Mtr. über dessen
Spiegel oder 32,1486 Mtr. über unserm Nullpunkte (Spiegel
des Salztrinkbrunnens) entströmt dem Buntsandsteine Kohlensäure. Die Dunsthöhle ist eine gemauerte Grotte, welche am
Boden eines trichterförmigen alten Sandsteinbruches am Abhange des Bomberges angelegt worden ist. Das Gas, welches sich aus den Sandstein entwickelt wird frei, weil es den
oberflächlichen Gesteinschichten an Wasser zu dessen Bindung
fehlt. Es strömt aus und sammelt sich in der Vertiefung an,
wodurch deren Besuch zu Zeiten für das Leben gefahrbringend wird. Bei hohem Luftdrucke und nach starken Regengüssen ist die Kohlensäure-Entwicklung weniger häufig als
bei niederem Luftdrucke und anhaltend trockenem Wetter.

In der Umgebung der Dunsthöhle werden auch jetzt noch
Sandsteine gebrochen (Punkt *g* auf der geologischen Karte
Tafel I.) An tief niedergehenden, nach dem Thale hin nicht
geöffneten Stellen der Steinbrüche, sammelt sich ebenfalls
Kohlensäure an, so dass man der Dunsthöhlen noch mehrere
darstellen könnte, wenn man solche Vertiefungen offen hielte.

Das Phänomen kommt auch in der Nähe anderer koh-

4*

lensäurereicher Quellen vor. Es findet sich in den Kiesgruben, welche in der Richtung vom Nauheimer Sprudel nach den Wisselsheimer Salzquellen angelegt sind.; an solchen Stellen, welche sich oberhalb der der Devonformation eingelagerten Conglomeratschicht befinden, auf welcher die Nauheimer und Wisselsheimer gasösen Soolen aufsteigen.

Ich kenne offene Spalten im Zechsteine, welche durch einen Stollen der alten Kobaltbergwerke zu Bieber in Kurhessen durchschnitten werden, woraus sich bei niederem Luftdrucke so reichlich Kohlensäure entwickelt, dass das Betreten des Stollens gefahrbringend wird. In der Nähe der kohlensäurereichen Quellen der Saline Orb, in Baiern, in der Umgebung der Grünschwalheimer Sauerbrunnen in der Wetterau, in den Stettener Steinsalzbergwerken im Hohenzollernschen, in der Umgebung des Laacher Sees, bei Kissingen und an vielen anderen Stellen sind ebenfalls solche an die Hundsgrotte am Avernersee bei *Neapel* erinnernde Kohlensäureexhalationen bekannt. Ueberall entwickelt sich die Kohlensäure nur an solchen Stellen aus dem Boden, wo Wasser zu seiner Bindung fehlt.

IV. Süsswasserquellen im Thale von Pyrmont.

Ich habe schon oben hervorgehoben, dass in der Umgebung von Pyrmont die kohlensäurearmen, eigentlichen Süsswasserbrunnen im Muschelkalke und Röth entspringen, während alle aus dem bunten Sandsteine kommenden Wasser mehr oder weniger Kohlensäure aufgelöst enthalten.

Am nördlichen Fusse des Königsberges befindet sich ein Brunnen zur Benutzung für die Bewohner des Forsthauses gefasst im Röth; er läuft schwach aus. Unterhalb desselben am Wege nach den Steinbrüchen bei Oestorf sind noch einige andere schwache Süsswasserquellen, welche auf der Sohle des dortigen Thälchens eine sumpfige Stelle veranlassen. In Oestorf selbst konnte in der Nähe der Kirche († unseres Kärtchens) ein den Lehm durchteufender Schacht erst bei ca. 12 Meter, nachdem dem Röth eingelagerte Sandsteinschichten erreicht waren, als Senkbrunnen benutzt werden. Dieser

Brunnen liefert Süsswasser. In den Seitenschluchten des Hessenbachthales, von Lovenhausen, Friedensthal nach dem Schellen- und Bomberge hinauf, befinden sich mehrere wasserreiche Quellen, welche zusammenrinnend den Hessenbach bilden. Sie entspringen alle zwischen Muschelkalk und Röth und liefern das in ersterem verseihende Meteorwasser.

Gleicher Entstehung sind die Quellen in den oberhalb Holzhausen entstandenen Erdfällen. Diese Erdfälle verdanken ihre Entstehung Auswaschungen, welche vielleicht durch das Vorhandensein einer tief niedersetzenden Spalte begünstigt wurden. Einer derselben ist vor einigen Jahrzehnten erst entstanden, die unterirdische, mit Wasser angefüllte Höhle brach zusammen, es bildete sich ein steilwandiger Trichter, dessen Grund sich alsbald mit Wasser anfüllte. Man hat diese Trichter durch einen tiefen Einschnitt geöffnet in der Hoffnung, dadurch reichlicher Aufschlagewasser zum Betriebe einer Mahlmühle zu erlangen, hat sich aber darin getäuscht gefunden, indem die Quellen nicht reichlicher flossen als vorher.

Drainagen, welche in dem nassen Terrain zwischen Pyrmont und Holzhausen angelegt wurden und sämmtlich auf dem wasserdichten Röth liegen, liefern eine reichliche Menge Wasser zu den Teichen nächst Schloss Pyrmont. Sie führen das vom Acker- und Wiesenboden absorbirte Meteorwasser rasch nach dem Emmerbache ab.

Eine sehr ergiebige klare Süsswasserquelle entspringt oberhalb der Papiermühle bei Holzhausen auf der Grenze zwischen Muschelkalk und Röth. Auch sie liefert das im Muschelkalk verseihte Meteorwasser, welches sich auf einer Spalte gesammelt hat und auf der wasserdichten Unterlage, dem Röth, hervorbricht.

Die Süsswasserquellen würden sämmtlich zu Sauerquellen werden, wenn sie den, als Abzugsweg der Kohlensäure dienenden Buntsandstein erreichten.

V. Rückblick und Vergleichung mit anderen Mineralquellen.

Wenn wir die, von den Pyrmonter salinischen Säuerlingen geförderte Wassermenge auf Normalsoole des Bohrloches reduciren, so ergiebt sich, dass täglich nur sehr wenig davon freiwillig ausfliesst.

Das Bohrloch liefert durch Pumpen
in 24 Stunden = 11 CbMtr. Norm.sle,
der Badebrunnen ebenfalls durch Pumpen
in 24 Stunden 50 CbMtr. Wasser, worin = 14,57 „   „
$$= 25{,}57 \ \text{CbMtr. Normsl.}$$
Würde das Auspumpen der beiden Brunnen nicht weiter fortgesetzt, so würden wahrscheinlich kaum Spuren dieser Flüssigkeit freiwillig austreten.

Im Salztrinkbrunnen sind enthalten bei täglicher

	Quellergiebigkeit	Normalsoole.
	von 2,11 CbMtr.	— 0,47 CbMtr.
im Neubrunnen .	„ 56,16 „	— 2,03 „
im Nebenbrunnen desselbn.	„ 131,04 „	— 4,10 „
Es gelangen sohin freiwillig zur Oberfläche		6,60 CbMtr.

oder ein Viertheil der durch Auspumpen aus der Tiefe gesogenen Normalsoolmenge.

Gegenüber dieser geringen Soolmenge geben

der Neubrunnen .	54,13 CbMtr.	Oberflächenwasser
dessen Nebenbrunnen	128,94 „	„ „
die Salztrinkquelle .	1,64 „	„ • „
die Badquelle .	45,43 „	„ „
Zusammen =	230,14 CbMtr.	Oberfläch enwasser.

welches sie ganz bequem durch den vorüberfliessenden, theils mit ihnen in gleichem Niveau, theils höher liegenden Emmerfluss zugeführt bekommen.

Sobald der Emmerfluss die Röthschichten überschritten und die im Thale zu Tage tretende Buntsandsteinpartie erreicht hat, versinkt von seinem Wasser in jener zerklüfteten Felsart. Die Flüssigkeit drang bis zum Steinsalzlager des Zechsteines nieder und lösste davon auf. Es sammelte sich in dem vom Schieferthon des Röth begrenzten Sandsteinprisma zu unterst reichlich gesättigte und nach oben schichtenweise immer wärmer werdende Soole an, über welche endlich das specifisch leichtere Flusswasser wie über einen aus dichteren Stoffen gebildeten Boden hinwegfloss.

Weil die aus den Tiefen frei werdende Kohlensäure nun beständig» einige kleine Antheile Soole mit herauf förderte, so konnte sich diese mit dem Flusswasser zu dem Neubrunnen, dessen Nebenquelle und dem Salztrinkbrunnen mischen. Täglich wurden auf diese Weise also ca. 6,60 CbMtr. Normalsoole aus der Tiefe entnommen, worin 211,2 Kilo oder ca. 4,$^1/_4$ Ct. Kochsalz enthalten sind; es musste eine entsprechende Quantität Flusswasser in die Tiefe sinken.

Jnnerhalb eines Jahrtausends brachten sobin diese Quellen etwa 1,552,250 Ctr. oder 1450 CbMtr. Kochsalz herauf, d. h. sie höhlten einen Raum von solchem Umfange oder einen Würfel von 13 Mtr. (= ca. 46 Fuss) Seite aus. Eine solche Auswaschung macht sich natürlich kaum durch Bodensenkung bemerklich, weil sie reichlich durch die dem Thalboden von den Bergabhängen zugespülten Schlamm- und Geröllmassen verdeckt wird.

Seit dem Betriebe des Badbrunnens und des Bohrloches für die Saline wurden aber ganz neue Verhältnisse eingeleitet. Durch diese künstlich hervorgerufenen Quellen wird das Wasser aus den Tiefen geschöpft und zwar je in der Mischung von Soole und Oberflächenwasser, welche der Tiefe des Brunnens entspricht; es muss also zu deren Ersetzung neues Oberflächenwasser niedergehen und aufs Neue Salztheile aus dem Gesteine aufnehmen.

Beide Brunnen liefern jährlich = 9343 CbMtr. Normalflüssigkeit mit 5979$^1/_2$ Ctr. Salz. Sie werden also in 260 Jahren das bewirken, was die natürlich ausfliessenden Quellen in 1000 Jahren vollenden können.

Wenn der Buntsandstein höher im Emmerthale, z. B. schon bei L ü g d e hervorträte, so würden die Kohlensäurequellen schon von da ab beginnen und zahlreicher als jetzt vorhanden sein; es würde alsdann eine weit grössere Menge Kochsalz aus den Tiefen entführt werden. Der schmale enge Hals des Apparates (die kleinere Buntsandstein-Kuppe in der Thalsohle) gestattet das Ausfliessen einer nur kleinen Menge Wasser aus den Tiefen und sichert den pyrmonter Salzbrunnen dadurch eine lange Dauer. Durch die künstliche Aussaugung der Soole aus den Bohrlöchern wird allerdings die

Auslaugung des Salzlagers rascher vollführt, es wird mehr
und mehr Oberflächenwasser nach unten und mit Salz bela-
den wieder heraufgezogen; aber auch die dadurch bewirkte Stoff-
entfernung möchte kaum in Anschlag zu bringen sein, wenn
man sie mit den grossen Steinsalzlagern vergleicht, welche der
deutschen Zechsteinformation untergeordnet zu sein pflegen.

Der die freiwillig ausfliessenden salinischen Säuerlinge
bedingende Quellapparat unterscheidet sich wesentlich von
dem der Homburger Mineralquellen, welchen ich in meiner
bei *Jonghaus* in Darmstadt 1861 erschienenen Abhandlung über
die Mineralquellen zu Homburg, ausführlich beschrieben habe.
Zu Homburg liegen aber auch in steile Falten geneigte ab-
wechselnde Thonschiefer- und Quarzschichten vor, dort nimmt
jede Quelle ihre besondere Region ein und ihre Mischung ist
abhängig vom Mineralgehalte derjenigen Gesteinschicht, welche
das Meteorwasser einerseits niedersinken lässt, um es auf dem
entgegengesetzten aufwärtsgekrümmten Schenkel der Falte als
Mineralwasser zu Tage kommen zu lassen.

Der Quellapparat der Wildunger Mineralbrunnen ist
von ganz ähnlichem Baue, wie der der Homburger. Ich
lernte ihn kennen, als ich vor 3 Jahren Pläne behufs der
Neufassung der dortigen Quellen ausarbeitete. Die bis jetzt
nach meinem Systeme ausgeführte Fassung der dortigen Salz-
oder Helenenquelle hat gezeigt, dass ich die geologischen
Verhältnisse richtig beurtheilte. Das Mineralwasser quillt, wie
beim Homburger Elisabethenbrunnen, aus steil aufgerichtet
stehenden Schichtenflächen des Posidonomyenschiefers der
unteren Kohlenformation da hervor, wo wasserdurchlassende
Quarzeinlagerungen vorhanden sind. Ich liess bei der Neufassung das Quellgebiet durch Aufgrabung entblösst, alsdann
die einzelnen, gasöses Wasser liefernden Stellen ummauern,
worauf die einzelnen Quellstränge vereinigt werden konnten,
um sie gegen die Oberflächenwasser der aufliegenden Alluvionen vollkommen abgedämmt in einem engen Rohre zu
Tage steigen zu lassen, wie zu Homburg. Die Quelle, welche vorher abgestanden war, ist jetzt hell und klar, lebhaft
und sehr kohlensäurereich.

Die Nauheimer Salzquellen entspringen bekanntlich aus einem, durch Kunst hervorgerufenen Apparate, von welchem ich in meiner, bei H. Keller in Frankfurt a. M. 1856 erschienenen Schrift über das kohlensaure Gas in den Sprudeln zu Nauheim nnd Kissingen Abbildung gegeben habe. Auch dieser Apparat, wie der der Quellen zu Soden am Taunus ist dem Homburger sehr ähnlich.

Mehr dem pyrmonter genähert sind die Quellverhältnisse der nauheimer Trinkbrunnen, der Sauerbrunnen zu Schwalheim, Grosskarben und der Mineralquellen Rakoczy und Pandur zu Kissingen. Ueberhaupt hat die Umgebung von Kissingen, über welche ich meiner eben angeführten Schrift ein Profil beifügte, viel übereinstimmendes mit der von Pyrmont.

An beiden Orten liegen verschieden kochsalzreiche, also auch verschieden schwere Wasserschichten in dem durch Hebung aufgelockerten, den Zechstein bedeckenden Buntsandsteine übereinander. — Wir beobachten:

zu Kissingen,	zu Pyrmont,
im Schönbornbohrloche,	pCt. Salz
ohne Kohlensäure,	im Salztrinkbrunnen = 0,7058
oben 0,25 pCt. Salz	im Badbrunnen . = 0,9536
unten 3,25 „ „	im Bohrloche . = 3,2001
dann im Zechsteine, Kohlensäure endlich Steinsalz	

und würden zu Pyrmont im Zechsteine ebenfalls die Erzeugungsstätte der Kohlensäure und steinsalzreiche Schichten angetroffen haben, wenn das Bohrloch tief genug niedergestossen worden wäre.

Die Quellverhältnisse der Pyrmonter Stahlbrunnen (Eisensäuerlinge) unterscheiden sich einigermassen von denen der dortigen salinischen Säuerlinge, wie im Vorbergehenden schon mehrfach angegeben worden ist. Namentlich erhalten diese Quellen keine festen Bestandtheile, sondern nur Kohlensäure aus der Tiefe. Wasser und die geringe Menge der aufgelössten Salze bekommen sie von oben und aus oberen Schichten, zum Theil namentlich das Eisen aus den Alluvionen jüngster Epoche.

Die Eisensäuerlinge können ihrer Lage nach, in östliche und westliche getrennt werden. Die westlichen befinden sich auf der gegen Westen abfallenden Seite der Buntsandstein- kuppe, die östlichen in der Nähe des rinnenförmigen Grabens, welcher vom Bomberge gegen Oestorf herabzieht. Da die Quel- len jeder Gruppe in verschiedenen Höhen übereinander liegen, so sind die tiefsten naturgemäss auch die wasserreichsten·

Ich ordne sie in nachstehender Zusammenstellung nach ihrer Höhenlage und füge die von ihnen gelieferte zum Theil wirk- lich gemessene, zum Theil nur abgeschätzte Wassermenge bei.

1. Oestliche Gruppe

Dunsthöhle	.	0 Wasser			
Säuerling II	=	59,53 CbMtr. Wasser p. Tag			
„ III	=	74,88 „	„	„	
Trampelsche Ei-					
sensäuerlinge	=	126,52 „	„	„	p. Tag
Zusammen	. . .	261,13 CbMtr. Wasser			

2. Westliche Gruppe:

Steinbrunnen	ca.	5,00 CbMtr.
Säuerling I und Ia	„	10,00 „
Klosteralleequelle	„	16,00 „
alte Bad- und Au-		
genbrunnen	.	„ 19,44 „
Stahltrinkquelle		„ 12,60 „
Brodelbrunnen		„ 190,00 „
Zusammen	. . .	253,07 „ „

die Stahlbrunnen liefern überhaupt   514,20 CbMtr. Wasser·

Dass das alljährlich auf den südlichen Abhange des Bomberges fallende Meteorwasser vollkommen hinreichen würde, um noch zehnmal mehr solcher Quellen zu speisen, (falls es sämmtlich in den Boden eindringen könnte) habe ich oben gelegentlich schon ausgeführt. Die Thatsache, dass die pyrmonter Quellen durch das Meteorwasser, welches in nächster Nähe fällt, versorgt und gebildet werden, ist indes- sen wichtig genug und fordert die Verwaltung der dortigen Bäder auf, jede unnöthige Wasserentziehung durch Drainage, Waldentblössung u. d. m. oberhalb der Quellpunkte zu verhindern. Es würde sich vielleicht sogar lohnen, oberhalb der Dunsthöhle ein grosses Sammelbassin für Schnee und Regenwasser, einen Teich anzulegen, dessen Abzüge die Quellen während der trockenen Sommermonate reichlich ernähren würden.

In Ems an der Lahn sah ich vor drei Jahren eine höchst interressante Erscheinung im Hofe eines Privathauses, zunächst dem alten Badhause, worin die berühmten Kränchen-Kessel- und Fürstenbrunnen entspringen. Bekanntlich steht dieser Theil von Ems an der steilen Lehne eines devonischen Thonschieferfelsens, durch dessen Absprengung der Raum zu Strasse und Wohnungen erlangt wurde. Der Eigenthümer jenes Privathauses hatte in dem, seinen Hofraum begrenzenden senkrechten Fels eine etwa 3 Meter hohe und breite Grotte ausbrechen lassen, welche er als Holzkeller benutzen wollte. In einer Tiefe von etwa 5 Meter kam im Fels eine 1 bis 1,5 Decimtr. starke Schicht sehr kohlenreicher schwarzer Schiefer mit Ausblühungen gelber und weisser Eisen- und Alaunvitriole zum Vorschein, welche in einem Winkel von 28 bis 30 Grad gegen Südosten einfällt. Diese Schicht führt von oben her einen ziemlich starken Strom 32 Grad Cels. warmes Wasser zu, welches von dem Hauseigenthümer zu ökonomischen Zwecken benutzt wurde.

Man ist allgemein der Ansicht, die Thermalwasser entstiegen der Tiefe, in unserm Falle ist aber die Sohle des Einbruches (Holzkellers) ganz trocken, das ziemlich hoch erhitzte Wasser kommt vom Berge her, von oben, und muss also seine Temperatur andern Ursachen als der Erdwärme verdanken.

Der im Hintergrunde stehende Berg (Bäderberg) ist nur etwa 300 Meter hoch, das ihn von seinem Scheitel bis zu seinem Fusse durchrieselnde Meteorwasser, dessen Temperatur 10 Grad Cels. nicht überschreiten wird, könnte also an seinem Fusse höchstens auf 18^0 Cels. erwärmt worden sein, es müssen sohin noch andere Wärmeursachen mitwirken, um die Temperatur des Wassers auf 32^0 Cels. zu erhöhen. Ich finde diese Ursachen in der langsamen Verbrennung der kohligen Schicht, aus welcher die Flüssigkeit quillt, und vermuthe, dass alle Emser Thermalquellen, namentlich aber das Kränchen (29,5⁰ Cels. warm), der Fürsten- (35,25⁰ Cels.) und Kesselbrunnen, (46,25⁰ Cels.) sowie sämmtliche am Abhange des Bäderberges ausgehenden Nebenquellen, auf derselben Schicht niedergehen und erwärmt werden. Das Kränchen quillt notorisch seitlich aus Klüften des Gesteines, kommt also ebenfalls von oben. Wo in der Thalsohle Schachtabteufen jener niedergehenden Quellschicht sich nähern, steigt erhitztes Wasser auf. Da die Schicht gegen das Thal sich neigt und unter der Lahn fortsetzt, so können selbst die durch tiefe Schachtabteufen jenseits erlangten Thermen, (der Neubrunnen) welche nicht frei ausfliessen, sondern gepumpt werden müssen, daher ihre Wärme entnehmen.

Wo brennende Steinkohlenflötze tief unter Tage vorkommen, wie bei Niederplanitz in Sachsen, bei Königshütte und Zabersche in Oberschlesien, entweicht aus Spalten und Klüften Wasserdampf und hocherwärmtes Wasser, auch in solchen Fällen ist nicht die Erdwärme, sondern sind in der Erdrinde vorgehende chemische Processe, die Veranlassungen zur Bildung von Thermalquellen.

Die Emser Quelle beweist ebenfalls, dass das Mineralbrunnen versorgende Wasser in nächster Nähe aus der Atmosphäre condensirt wird; es bedarf also zur Erklärung ähnlicher Quellen gewiss nicht der Voraussetzung, dass die atmosphärischen Niederschläge in den Tiefen der Erde weite Wege zurücklegen müssen, um sich mit Stoffen zu sättigen nnd zu erwärmen.

Sehen wir nun zu, woher die Pyrmonter Mineralquellen ihre Bestandtheile entnehmen.

Die Tabelle III giebt die Quantitäten der wahrscheinich im Wasser aufgelössten Salze, auf 100 fester Bestandtheile berechnet an.

Der Sauerbrunnen II, welcher unter allen analysirten auf der höchsten Stelle quillt, hat am wenigsten Stoffe aufge. nommen, weil das Meteorwasser von der Erdoberfläche bis zu seinem Quellpunkte den kürzesten Weg zurückzulegen hatte. Es sind vorzugsweise Carbonate von Kalkerde (54,72$^0/_0$) und damit stets verbundene Carbonate von Magnesia (5,45$^0/_0$) welche diese Quelle auszeichnen. Das kohlensaure Natron $(9,09\%)$ könnte sie aus der Asche von verwesenden Pflanzen erhalten haben. — Nach diesen sind schwefelsaure Magnesia $(12,89\%)$ schwefelsaures Natron $(8,09\%)$ und schwefelsaurer Kalk $(6,78\%)$ in belangreichen Mengen vorhanden, während Chlormagnesium $(2,65\%)$ und noch mehr Chlornatrium $0,33\%)$ sehr zurücktreten·

Die schwefelsauren Salze kann das den Röth und dessen Detritus durchfeuchtende Meteorwasser aus diesem Gesteine entnehmen, in dessen Mergellagern überdiess Schwefelkies zur Gyps- und Bittersalzbildung Veranlassung giebt. Die leichter auflöslichen Salze, Glaubersalz, (schwefelsaures Natron) Bittersalz, (schwefelsaure Bittererde) werden naturgemäss zuerst aufgenommen, dann erst kommt Gyps schwefelsaure Kalkerde) an die Reihe. Aus diesem Grunde ist der Gypsgehalt in diesem Wasser verhältnissmässig zurückstehend.

Die kleinen Quantitäten Kochsalz und Chlormagnesium können ebenfalls aus den marinen Sedimenten des Muschelkalkes und des Röthes ausgelaugt sein.

Die beiden Trampelschen Eisensäuerlinge, welche schon auf einer tieferen Stufe des Bergabhanges hervorquellen und also dem Gestein mehr Substanz entziehen konnten, sind aus dem oben (Seite 47 f- f.) angeführten Grunde verschieden reich. Der östliche Zufluss ist der ärmere, ganz aus denselben Ursachen, aus welchen im Gebiete der Homburger Elisabethenquelle zunächst im Thalwege des vorüberfliessenden Baches die mineralärmeren, zunächst der Berghangseite die mineralreicheren Zuflüsse stattfinden, (v. m. v. a. Abhandlung über die Homburger Mineralquellen S. 14.)

Die Mischung der von beiden Quellen aufgenommenen Mineraltheile ist der in dem Sauerbrunnen gelössten nahe kommend, Kalkcarbonat herrscht vor, Magnesiacarbonat tritt dagegen entschieden zurück. Natroncarbonat fehlt diesen Quellen, dagegen enthalten sie Eisen- und Mangancarbonat, welche sie wahrscheinlich aus den nächsten Lehmablagerungen , vielleicht auch aus dem, von Kohlensäure durchtränkten obersten Sandsteinschichten empfingen. In dem Wasser des Sauerbrunnens ist wohl ebenfalls Eisencarbonat gelösst,

welches sich jedoch der Aufmerksamkeit der ihn analysiren-
den Chemiker entzogen hatte.

Die Trampelschen Quellen enthalten grössere Mengen
schwefelsaurer Salze als der Sauerbrunnen aber auch in ihnen wiegt schwefelsaure Bittererde vor, es folgt dann schwefelsaure Kalkerde, während schwefelsaures Natron sich vermindert, dessen Stelle durch einen Antheil schwefelsaures
Kali vertreten wird. Chlornatrium ist auch hier in untergeordneten Quantitäten vorhanden, Chlormagnesium fehlt, dagegen kommen beträchtliche Spuren von Chlorlithium vor,
welche beim Nachsuchen wahrscheinlich auch im Sauerbrunnen gefunden werden würde, da dieses Salz dem Buntsandstein entnommen sein möchte, weil es in den mit Oberflächenwasser versorgten Quellen vorherrscht. Kiesel- und Thonerde, wahrscheinlich in Verbindung mit irgend einer Base, (Magnesia oder Kalkerde) fehlen nicht. Diese Stoffe kommen bekanntlich in geringen Mengen in jedem Quellwasser vor dienen als
hochwichtige Elemente für die Ernährung der Pflanzen, denen
sie in wässriger Lösung aus der Ackererde zugeführt werden.

Abweichender von der eben besprochenen ist schon die
Mischung der in der westlichen Gruppe der Pyrmonter
Stahlbrunnen aufgelössten Stoffe. In ihnen dem Stahltrink-
und dem Brodelbrunnen überwiegen die schwefelsauren Salze
denen indessen die Karbonate noch fast gleich stehen.

In den zunächst dieser Quellen in früheren Perioden
aufgespeicherten Torflagern sind Pflanzentheile und darin
Schwefellebern und Schwefelkies in reichlichster Menge nie-
dergelegt, es sind diese kohlig- bituminösen Torf-, Moder- und
Thonlager wahre Magazine für jene Stoffe. Aus ihnen ent-
nimmt das Wasser den Gyps, das Bittersalz, Glaubersalz
und das schwefelsaure Kali. Die ebenfalls früher abgelagerten
Kalktuffmassen geben vereinigt mit dem geringen Kalkge-
halte der älteren Schichten Kalkcarbonat in Menge und
dieses oder vielleicht auch gelösstes Magnesiacarbonat (kohlensaure Bittererde) zersetzen den aus den Alluvionen aufgenommenen, durch Verwitterung des Schwefelkieses entstandenen Eisenvitriol, welchen es in Eisencarbonat umwandelt
während es selbst zu Gyps oder zu Bittererde wird. Das Ei-

sen- und wie ich glaube auch das Mangankarbonat lösen die kohlensauren Wasser erst an solchen Punkten, über denen sie mit kohlensauren Kalkschichten (Kalkstein, Kalkspath) oder andern kohlensauren Erden und Alkalien nicht mehr in Berührung kommen; denn diese würden das Eisen niederschlagen. Die Normalsoole (Bohrloch) empfängt ihren Eisengehalt wohl aus der eisernen Bohrlochsfassung, wie diejenigen Homburger Mineralquellen, welche aus in Eisen gefassten Bohrlöchern entsteigen.

Die Chlorverbindungen treten auch in diesen Stahlquellen Pyrmonts verhältnissmässig sehr in den Hintergrund auch sie werden aus Buntsandstein Röth-und Muschelkalk zum Theil vielleicht auch aus den Torfschichten (Pflanzenasche) aufgenommen.

Von der gelössten Kiesel- und Thonerde gilt dasselbe, was bei den vorherbesprochenen Quellen erwähnt wurde.

Zu den salinischen Säuerlingen übergehend, bemerken wir alsbald im Neubrunnen und dessen Nebenquelle sehr beträchtliche, ein Viertheil und mehr der in Auflössung gegangenen Stoffe betragende Kochsalzmengen.

Weil in den beiden dicht am Emmerflusse entspringenden Quellen das Oberflächenwasser überwiegt, so enthalten sie ebenfalls grosse Quantitäten Kalkkarbonat, denen Magnesia-Mangan- und Eisenkarbonat zugesellt sind. Der Mangangehalt des Neubrunnens ist auffallend gross, der des daneben entspringenden Nebenbrunnens dagegen sehr zurücktretend, es ist sehr wahrscheinlich, dass der Neubrunnen Zuflüsse aus einer Schicht empfängt, in welcher ein Manganansatz (kieselsaures Manganoxydul, oder Mangancarbonat, oder Manganoxydhydrat u. s. w.) reichlich vorhanden ist und von der freien Kohlensäure aufgelösst wird.

Die von diesen beiden Quellwassern aufgenommenen schwefelsauren Salze bestehen vorherrschend aus Bittersalz, denen sich grosse Mengen Glaubersalz zugesellen. Schwefelsaures Kali und Gyps sind in nur kleinen, kaum beachtenswerthen Quantitäten vorhanden. Es ist möglich, dass diese Bestandtheile den im Thale abgelagerten Alluvionen entnommen werden und mochte deshalb eine genaue Ana-

lyse des Flusswassers in diesen Thalbreiten von Interesse
sein. Auch im Salztrinkbrunnen überwiegt Bittersalz, es treten
aber Glaubersalz und schwefelsaures Kali gegen Gyps zurück.

Wir dürfen den Neubrunnen und dessen Nebenquelle als Mischungen von, aus der Tiefe emporgequollenem gasösem
Salzwasser mit Kalkcarbonat-, Glauber- und Bittersalzhalti-
gem Oberflächenwasser ansehen.

Der Salztrinkbrunnen nähert sich in mancher Beziehung
dem Neubrunnen. In ihm herrscht jedoch das Chlornatrium
(Kochsalz) entschieden. vor (65,95 %). Unter den schwefel-
sauern Salzen überwiegt noch Bittersalz, dann folgt Gyps
und endlich Glaubersalz.

Von Carbonaten ist das der Kalkerde am reichlichsten
vorhanden, jedoch in weit geringerer Menge als im Neubrunnen; kohlensaure Bittererde und kohlensaures Manganoxydul
verschwinden fast, Eisencarbonat fehlt gänzlich.

In dem Wasser der Salzbadequelle überwiegt Chlornatrium noch mehr, ihm gesellt sich Chlormagnesium zu. Das
Bittersalz nimmt an Menge ab, dagegen steigt der Gypsgehalt, welcher auch in der Normalsoole die schwefelsauren Salze
fast einzig und allein vertritt. Von Carbonaten bleibt fast
nur Kalkcarbonat, jedoch in geringer Menge übrig.

In derselben Weise finden wir die Mischung der im
Bohrloch vorhandenen Normalsoole 79 pCt. Kochsalz, 3¹/₃
Chlormagnesium, 13¹/₃ pCt. Gyps nnd 4 pCt. Kalkbicarbont.

Aus diesem allem ergiebt sich, dass die Pyrmonter Mineralquellen, welche ihre feste Substanz vorzugsweise aus
Magazinen der Tiefe beziehen überwiegend Kochsalz und
Gyps nebst Kohlensäure enthalten; dass die Oberflächenwasser in Folge der ihnen von unten zuströmenden Kohlensäure aus den zunächst an der Oberfläche liegenden Gesteinschichten Kalk-, Magnesia-, Natron-, Eisenoxydul- und Man-
ganoxydul-Bicarbonat aufnehmen, dass sich ihnen aus Moder-
und Torflagern Bittersalz, Glaubersalz, Gyps und schwefelsaures
Kali beimischt, dass sie ausserdem geringe Mengen Chlornatrium
(Kochsalz) Chlormagnesium, Chlorlithium aus den Sandsteinen,
Schieferthonen und Kalken der Triasformation entnehmen.

Tab. I.

Salze, welche in den Pyrmonter Mineralquellen als vorhanden angenommen werden, nach Wiggers und Krüger.

In 100 Theilen Wasser sind aufgelöst:

Bestandtheile.	Robloch. Normal-soole.	Salzbade-quelle.	Salztrink-brunnen.	Neubrunnen. Haupt-brunnen.	Neben-brunnen.	Brodel-brunnen.	Stahl-trink-brunnen.	westlicher Trampel'scher Eisensäuerling.	östlicher Trampel'scher Eisensäuerling.	Sauer-brunnen II. (Krüger.)
Chlornatrium	3,20055	0,93366	0,70575	0,1160	0,1003	0,0207	0,00617	0,0033	0,0005	0,0002
Chlorlithium	0,00009	0,00008	0,00063	0,0001	0,0002	0,0003	0,0003	0,0001	0,0001	—
Chlormagnesium	0,13366	0,05879	—	—	—	—	0,0059	—	—	0,0016
Schwefelsaures Kali	—	0,00015	0,00017	0,0065	0,0019	0,0040	0,0036	0,0050	0,0042	—
„ Natron	—	—	0,01205	0,0288	0,0322	0,0266	—	0,0075	0,0026	0,0049
Schwefelsaure Bittererde	0,00387	0,02858	0,09696	0,0384	0,0428	0,0803	0,0704	0,0270	0,0208	0,0078
„ Kalkerde	0,54062	0,25587	0,08060	0,0061	0,0043	0,0866	0,1178	0,0287	0,0158	0,0041
„ Strontianerde	sp.	—	sp.	sp.	sp.	sp.	sp.	sp.	sp.	—
Salpetersaures Natron	0,00602	—	—	0,0059	0,0059	0,0059	0,0075	0,0018	0,0036	—
Doppelt kohlensaures Eisenoxydul	0,00070	0,00126	0,00207	0,0131	0,0006	0,0047	0,0006	0,0006	0,0002	0,0331
„ „ Manganoxydul	0,16288	0,11639	0,16887	0,1611	0,2079	0,1596	0,1352	0,0810	0,0506	0,0033
„ „ Kalkerde	0,00045	0,00237	0,00250	0,0047	0,0171	0,0152	0,0023	0,0009	0,0005	—
„ „ Bittererde	sp.	—	sp.	sp.	—	sp.	0,0001	sp.	sp.	0,0055
„ „ Ammoniak	—	—	—	—	—	—	—	—	—	—
„ „ Natron	—	—	—	—	—	—	—	—	—	—
Phosphorsaures Eisenoxyd	—	—	—	—	sp	sp.	sp.	sp.	sp.	—
Arsenigsaures Eisenoxyd	—	sp.	sp.	sp.	sp.	sp.	sp.	sp.	sp.	—
Kieselerde	0,00062	0,00054	0,00046	0,0036	0,0029	0,0036	0,0004	0,0005	0,0001	—
Thonerde	0,00009	0,00003	0,00002	0,0016	0,0002	0,0011	0,0001	0,0002	0,0001	—
Fluorkalcium	sp. sp.	sp.	—	sp.	sp.	sp.	sp.	—	—	—
Brom (Magnesium?)	st. sp.	sp.	—	—	—	—	—	—	—	—
Zinn-, Wismuth-, Antimon-, Blei- und Kupferoxyd	—	—	—	—	—	—	—	—	—	—
Organische Substanzen	—	sp.	—	sp.	sp.	sp.	sp.	sp.	sp.	—
Kohlensäure	0,06720	0,12180	0,18134	0,1770	0,1684	0,1629	0,2006	0,1593	0,1956	0,1465
Wasser	95,88331	98,46048	98,74859	99,4371	99,4153	99,4175	99,4656	99,6811	99,7002	99,7930
	100	100	100	100	100	100	100	100	100	100
Feste Bestandtheile	4,04949	1,41772	1,07007	0,3859	0,4163	0,4196	0,3336	0,1596	0,1042	0,0605

5

Tab. II.

Die Säuren, Alkalien, Erden und Metalloxyde in den Pyrmonter Mineralquellen, nach Wiggers's und Krüger's Analysen berechnet.

100 Theile Wasser enthalten:

Bestandtheile.	Bohrloch. Normal-soole.	Salzbade-quelle.	Salztrink-brunnen.	Neu-brunnen.	Neben-brunnen des Neu-brunnens.	Brodel.	Stahl-trink-brunnen.	westlicher Trampel'scher Eisensäuerling.	östlicher Trampel'scher Eisensäuerling.	Sauer-brunnen II. (Krüger.)
Chlor	2,02976	0,61892	0,42838	0,07009	0,06055	0,01274	0,01092	0,00388	0,00358	0,00130
Schwefelsäure	0,31865	0,16856	0,11795	0,04896	0,03017	0,10998	0,10365	0,04111	0,02523	0,01030
Kohlensäure	0,07125	0,19492	0,28691	0,28874	0,31014	0,27681	0,28598	0,21056	0,22884	0,17310
Salpetersäure	sp.	sp.	sp.	sp.	sp	sp.	sp.	sp.	sp.	—
Arsenige Säure	—	—	—	sp.	sp	sp.	sp	—	—	—
Kieselsäure	0,00062	0,00054	0,00016	0,00360	0,00290	0,00360	0,00010	0,00050	0,00010	—
Phosphorsäure	—	—	—	—	—	sp.	sp.	—	—	—
Fluor	sp.	sp.	sp.	sp.	sp.	sp.	sp.	sp.	sp.	—
Brom	st. sp.	sp.	—	sp	sp.	sp.	sp.	—	—	—
Natron	1,70618	0,50820	0,38149	0,07902	0,01130	0,02269	0,00358	0,00365	0,00122	0,00454
Kali	sp.	0,00008	0,00008	0,00352	0,00103	0,00216	0,00162	0,00270	0,00270	—
Lithion	0,00002	0,00002	0,00022	0,00004	0,00006	0,00011	0,00011	0,00004	0,00001	—
Strontianerde	sp.	sp.	sp.	sp.	sp.	sp.	sp.	sp.	sp.	—
Kalkerde	0,28832	0,06145	0,09961	0,05564	0,06376	0,11899	0,10188	0,04364	0,02638	0,01467
Bittererde	0,05793	0,03573	0,03379	0,01157	0,02901	0,03216	0,02180	0,00948	0,00717	0,00437
Thonerde	0,00063	0,00003	0,00002	0,00040	0,00020	0,00110	0,00010	0,00020	0,00010	—
Ammoniak	sp.	sp.	sp.	sp.	sp.	sp.	sp.	sp.	sp.	—
Eisenoxydul	0,00267	sp.	sp.	0,00261	0,00261	0,00305	0,00332	0,00079	0,00159	—
Manganoxydul	0,00031	0,00056	0,00092	0,00585	0,00027	0,00209	0,00027	0,00027	0,00009	—
Kupfer-, Blei-, Antimon-, Wis-muth-, Zinnoxyd	—	—	—	—	—	sp.	sp	—	—	—

Tab. III.

Zusammenstellung der in den Pyrmonter Mineralquellen aufgelösten festen Stoffe auf 100 Theile berechnet.

Bestandtheile.	Salinische Säuerlinge.						Eisensäuerlinge.			
	Bohrloch Normal-soole.	Salz-bad-quelle.	Salz-trink-brunnen.	Neubrunnen. Haupt-brunnen.	Neben-brunnen.	Brodel-brunnen.	Stahl-trink-brunnen.	Trampel'scher Eisensäuerling. westlich.	östl.ch.	Sauer-brunnen II.
Chlornatrium · · · ·	79,03	67,27	65,95	36,06	24,09	4,96	2,00	3,94	5,56	0,33
Chlorlithium · · ·	0,01	0,01	0,06	0,02	0,05	0,07	0,09	0,06	0,09	—
Chlormagnesium · ·	3,30	4,14	—	—	—	—	2,69	—	—	2,65
Schwefelsaures Kali ·	—	0,01	0,01	1,69	0,46	0,95	0,89	3,14	4,04	—
„ Natron · · ·	—	—	1,12	7,46	7,74	6,34	—	4,71	2,49	8,09
„ Bittererde · ·	0,10	2,01	9,06	9,95	10,28	19,13	15,17	16,98	19,78	12,89
„ Kalkerde · ·	13,35	18,05	7,53	1,58	1,04	23,02	35,30	17,91	15,16	6,78
Doppelt kohlensaures Eisenoxydul	0,14	—	—	1,54	1,42	1,64	2,29	1,13	3,46	—
„ „ Manganoxydul	0,02	0,09	0,19	3,39	0,14	1,12	0,18	0,37	0,19	—
„ „ Kalkerde ·	4,02	8,21	15,79	41,75	49,94	38,03	40,52	50,75	48,57	54,72
„ „ Bittererde ·	0,01	0,17	0,23	1,22	4,11	3,62	0,69	0,56	0,48	5,45
„ „ Ammoniak ·	—	—	—	—	—	—	0,03	—	—	—
„ „ Natron ·	—	—	—	—	—	—	—	—	—	9,09
Kieselerde · · ·	0,01	0,03	0,04	0,93	0,68	0,86	0,12	0,32	0,09	—
Thonerde · · · ·	0,01	0,01	0,02	0,41	0,05	0,26	0,03	0,31	0,09	—
	100	100	100	100	100	100	100	100	100	100

Legende:

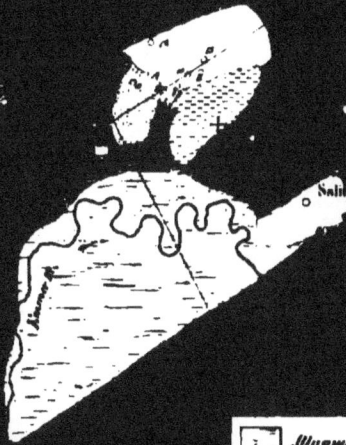

Alluvium	Roth
Kalktuff	Gyps
Lehm	Mergel
Thon u. Torf	Buntsandstein
Hauptmuschelkalk	Leckaten
Wellenkalk	Schichtenfallen

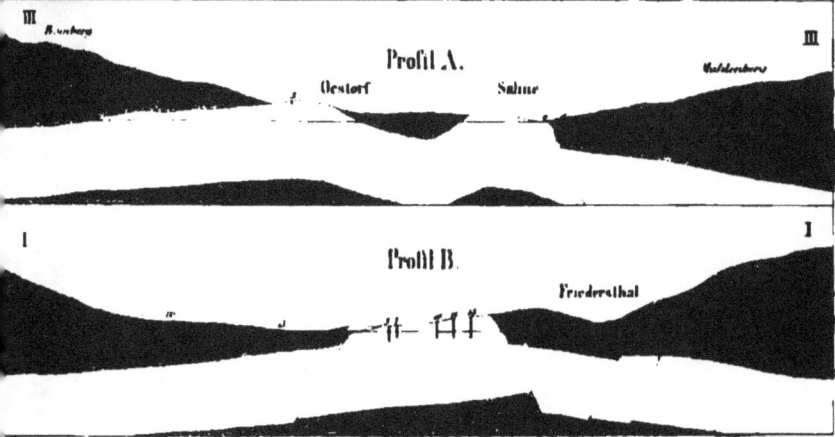

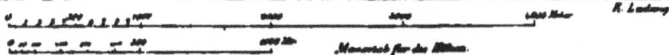

Profil A.

III — III

Oesdorf · Sahne · Waldenberg

Profil B.

I — I

Friedersthal

R. Ludwig

Maasstab für die Höhen.

1. Salzzarloch. 2. Salzbadebrunnen. 3. Salztrinkbrunnen. 4. Neubrunnen u. Nebenquelle. 5. Brodelbrunnen
6. Alte Bade- u. Augenbrunnen. 7. Stahltrinkquelle 8. Castorallecbrunnen u. 9. Stahlquelle daneben. 10. Östlicher
u. westlicher Tramplacker Flusensäuerling 11. Sauerbrunnen. 12. Steenbrunnen Sauerbrunnen 13. am Aeculapplatze
13. Dunsthöhle. 14. u. 15. Mineralquellspuren. 16. Susswasserquelle an der Papiermühle.

Höhenlage der Pyrmonter Quellen.

Eisensäuerlinge.

Salzquellen

Bunter Sandstein

Normalwole

R. Lindemann

www.ingramcontent.com/pod-product-compliance
Lightning Source LLC
Chambersburg PA
CBHW021530270326
41930CB00008B/1181